国家出版基金项目
NATIONAL PUBLICATION FOUNDATION

1919—2019 百年五四：
共同的文化精神家园

五四那些经典

张宝明 等 著

北方联合出版传媒（集团）股份有限公司
万卷出版公司

ⓒ 张宝明等 2019

图书在版编目（CIP）数据

五四那些经典 / 张宝明等著. — 沈阳：万卷出版
公司, 2019.8
　　（百年五四：共同的文化精神家园）
　　ISBN 978-7-5470-5173-3

　　Ⅰ. ①五… Ⅱ. ①张… Ⅲ. ①五四运动—研究 Ⅳ.
①K261.107
　　中国版本图书馆CIP数据核字（2019）第147462号

出　品　人：刘一秀
出版发行：北方联合出版传媒（集团）股份有限公司
　　　　　万卷出版公司
　　　　　（地址：沈阳市和平区十一纬路25号　邮编：110003）
印　刷　者：辽宁新华印务有限公司
经　销　者：全国新华书店
幅面尺寸：146mm×210mm
字　　数：200千字
印　　张：8
出版时间：2019年8月第1版
印刷时间：2019年8月第1次印刷
责任编辑：张洋洋
责任校对：高　辉
封面设计：范　娇
版式设计：马婧莎
ISBN 978-7-5470-5173-3
定　　价：43.00元
联系电话：024-23284090
邮购热线：024-23284627
传　　真：024-23284521

引言：五四那些经典：在刹那与永恒之间

笔者曾经为那一时代的经典之一写过一篇名为"'她'从哪里来？"的解读，这个"她"就是五四那些经典。这里之所以用"她"作为代替，不是因为她有多么美，多么值得怀念。按照"天若有情天亦老"的逻辑，到了耄耋之年的她，大概已经成熟到或说蜕变为满脸褶子、满口无牙的老太婆了。不难想见，这样的"她"还有什么看头？本来应该过景，却还有永不过时的感喟，多少让人觉得有些不可思议吧。如果进一步追问："她"要到哪里去？我们心中不禁油然而生一种美好愿景："她"很快过景，消失得无影无踪，而且愈早愈好。毕竟，"她"太时髦了，用当下的话来说就是时代性太强了，需要"历史"一下。

这种几乎是有多远滚多远的诅咒似乎有些不近人情了。仿佛有几分过河拆桥的不仁不义。正是这样一种愿景才道出了历史的真实：五四的"时代性"一天不过时，我们将一天不能停下我们探寻的脚步。用当下的那个热词就是：我们的追寻将永远在路上。

众所周知，五四运动在中国近现代史上有着划时代的历

1

史意义。正是这个时代催生并绘制了一个又一个精彩。面对五四时期启蒙先贤留下的"汗牛充栋"般的思想经典，我们需要的是常读常新的心灵对话，而非一般意义上的历史延续。因为，这些文本内容的丰富性和复杂性为20世纪中国现代性的演进埋下了深深的伏笔。从经典文本出发，在五四这一精神事件之外寻找中国新文化的活水源头，我们就必须首先着眼于五四时期风起云涌的期刊文章。诸如《新青年》《每周评论》《努力周报》《新潮》《国民》等都是新文化刊物大家庭中的成员，这些刊物的创办和文章的传播加速了一个时代的过渡、转型。五四新文化运动铸就了一批权威性的、超越时空的思想经典，其嵌入20世纪中国现代思想史上，逐渐成为一种经典性的存在。任何一种思想传统的形成都是经典不断涌现和淘炼的过程，也是对经典进行不断阐释对话的过程。正是对经典文本的阐释效法、领悟欣赏、转换创造，构成了思想史和思想传统的主要线索与独特品格。基于此，本书对五四经典文本进行整理解读，旨在引导百年后的国人重读五四思想经典，重回刀光剑影的思想战场，重思20世纪中国现代性的演进问题。

一、"经典"：文本与阐释的张力

书籍文章是读书人生活的重要组成部分。在浩如烟海的书籍文章中，"经典"又具有其无可取代的重要地位。在世人心目之中，经典是圣贤智慧的结晶，可以用来领悟宇宙苍穹的奥妙，探究天地阴阳的消息，端正世间的风气，弘扬人类的道德。本部分基于对"经"与"典"的理解着重对"经典"进行释说，并思考仅仅存世百年的五四思想文本何以被冠以"经典"二字？

为此，我们在这里需要弄明白两个问题：一是何谓"经典"？二是刚满百年的五四文本何以"经典"？

在常识意义上说，"经典"是被历史所证明、代表着人类整个文化传统的根本的一些文本，只有经过漫长时间的考验，千锤百炼，精益求精，才能够称为"经典"。该词汇由"经"和"典"组成，所谓"经"，主要从时间维度进行观测评价，就是能够流传于后世的传世之作。在中国的古典含义，就是历代相传、至今不绝的某种根本性东西。在中国这样一个文化传统源远流长的国家，如果要找经典作品，可以找到很多从上古时代流传下来的、经过时间考验的作品，如《论语》《易经》《道德经》《诗经》等。

"典"是典范，并非指从意境到文字都非常完美的文本，而是指古今中外各个知识领域中那些典范性、权威性的著作。典范之作是一个民族文化中最核心的文献，尤其是那些重大原创性、奠基性的著作。它对于一个民族的国民精神有着重要影响。这种典范性的文本，是中国古典社会所累积的历史经验文本，这些典范文本积淀成一个民族的文化心理和行为规范。其作用在于维持社会所公认的合宜的行为规范。恩格斯说过，"在一切意识领域内传统都是一种巨大的保守力量"。这些典范便有着国人基本性格、基本心理、基本精神的作用，一种优秀文化，只有形成传统，才能不失去对外来粗劣文化

3

的免疫力，正像人体没有免疫系统便无法存活一样。从这个意义上说，典范的保守底色并非单纯地是"落后"的代名词，而恰恰是一个民族之所以成为一个民族的文化底座。

承上所论，"经典"不但是经受住历史考验的作品，而且是代表国民基本文化心理的作品。五四思想文本过去仅仅百年，为什么要把这本小册子以"经典"名之？必须看到，我们的命名加上了一个时间限定词即"五四"。而五四恰恰是以推翻"经典"为职志的思想启蒙运动。但需要思考的是，五四新文化运动再具有革命性，也无法割断其与传统经典之间的深厚渊源。五四新文化运动中涌现的诸多思想经典恰恰是通过对中国古代经典文献进行重新阐释的方式表达出来的。当五四新文化运动将中国厚重的儒家经典不分青红皂白地打入谷底之际，中国近代学术被改写的同时也就是中国新的经典知识体系形成的肇始。

当新文化在摆脱中国传统文化的桎梏后却还没有建立新典范的时候，它需要从既有的古代文明身上找个向导，从中寻找"使人感兴趣的精神事业上所具有的丰富的真理和知识"。而新典范便是通过对中国古代经典的批判与再诠释形成的。需要看到，尽管谈到"经典"人们都振振有词，但对于经典的理解还处于模糊状态，难以给予具体而准确的界说和概括，从而产生了严重的焦虑和危机感。这主要表现在对经典的理解上存在着一系列的悖论：既是永恒和绝对的，又是暂时和相对的。客观来说，中国历史非但没有证明我们的国度存在过一成不变的经典体系，而且只能证明所谓经典总在发生时空连续性的变异。尤其从近代以来，中国的文化传统，旧的消失和新的出现，变动如此频密，致使生活在 21 世纪的人们已很难理解一百年前的同胞先辈看待历史的眼光和尺度。

二、作为"画"时代的五四文本

重读五四时代的思想经典，至少促使我们重新思考中国人文经典的断裂与接续，这也是本论的意义和价值所在。"五四那些经典"这一书名告诉我们，我们是相对于时代性而言的经典，它们是五四时期的名篇，但随着时间的推移，却不一定是经得起考验的经典。在某种意义上，经典是定位在瞬时与永恒之纵横坐标系上的一个点（典）。

这里，我们以五四为例，不难发现那一历史决定性时刻及其由此规定性地画出的时代性"瞬间"。只是，这里需要我们注意的是，"瞬间"的敲定又是以 1915 年《新青年》（原名"青年杂志"）创刊后新文化元典辐射出的晕轮效应为基调画定的。

这话听起来有些拗口。但是回到历史现场就不难琢磨了。1919 年 5 月 4 日发生在北京的一场以青年学生为主，广大群众共同参与的，通过示威游行、请愿、罢工、暴力对抗政府等多种形式进行的爱国运动，是中国人民彻底反对帝国主义、封建主义的爱国运动，又称"五四风雷"。中国共产党党史一般将其定义为"反帝反封建的爱国运动"，并以此运动作为旧民主主义革命和新民主主义革命的分水岭。毛泽东说："五四运动成为文化革新运动，不过是中国反帝反封建的资产阶级民主革命的一种表现形式。"① 而且更为重要的意义还在于："没有五四运动，北伐战争是不可想象的……那末，很明显，没有五四运动，第一次大革命是没有可能的。五四运动的的确确给第一次大革命准备了舆论，准备了人心，准备了思想，准备了干部。"② 必须看到，五四运动如果仅停留在学生运动，也不足以影响整个 20 世纪，后来经过扩容，五四运动与新文化运动逐渐成为一体化的运动。新文化运动是由陈独秀、李大钊、鲁迅、胡适、钱玄同、刘半农等一些受过西方教育（当时称为新式教育）的人发起的一次"反传统、反孔教、反文言"的思想文化革新、文学革命运动。作为一场轰轰烈烈的思想革命，新文化运动的主要内容即围绕着以下几个关键点切入：提倡民主，反对专制；提倡科学，反对迷信；提倡新道德，反对旧道德；提倡新文学，反对旧文学。在当下，我们可以称为"四提倡四反对"。这样一个具体实践活动，在前期其实质是资产阶级的新文化反对封建旧文化的斗争；后期则由先进的知识分子极力宣传马克思主义为主题。五四是中国现代性演进的决定性时刻，它给转型期的中国带来了无穷的困惑，也带来了无限的机遇和生机。

一个时代有一个时代的中心，一个时代也有一个时代的个性。但是有一点确实可以大而化之加以概括，那就是狄更斯《双城记》中的名言：最好的与最坏的时代。文艺复兴时期是，启蒙运动时期是，中国的五四时期也是。尽管这样的时代让人五味杂陈，但是我们总能从历史的纷乱中找到属于她

---

① 毛泽东：《一二·九运动的伟大历史意义》，《红旗》，1985 年第 23 期。

② 毛泽东：《一二·九运动的伟大历史意义》，《红旗》，1985 年第 23 期。

自己的绰约与魅力。进一步说,新文化运动在时代气质上镌刻着或说烙下了属于五四自己的经久不衰、光芒四射的"露沟"(LOGO)。

一场轰轰烈烈的五四新文化运动为当时的中国带来了一丝亮光,被认为是20世纪中国的一个重要符号。更可贵的是,五四先驱们当年发表的许多思想文本,在今天看来仍然颇具现实意义。陈独秀、李大钊、鲁迅、胡适、蔡元培、刘半农、钱玄同、俞平伯、章士钊、傅斯年、高一涵、沈雁冰等一代文化巨人和政治巨人们,都曾在《新青年》《新潮》《国民》《每周评论》等重要刊物上发表重要的作品或文章,在中国新文化运动史上产生了不可磨灭的作用,并最终使之成为无可否认的新文化元典!

"五四那些经典"这一书名告诉我们,它们是相对于时代性而言的经典,它们是五四时期的名篇,但随着时间的推移,却不一定是经得起考验的经典。这一切,可以用这样一句话来说破:一切都显得太过时髦。也正是因为这个"时"以及"太",也最容易过景。要知道,经典是定位在瞬时与永恒之纵横坐标系上的一个点(典)。《诗经》是几千年以来公认的经典,它在那时代著名,后来也一直为国人传诵,原因就在于它具有永恒性。透过一部中国文学史不难看出,大浪淘沙,历史上文人骚客云集,但真正能流传至今、堪称经典的无非还是那"七八个星天外,两三点雨山前"的巅峰之作。就此而论,今天我们从时代意义上遴选的经典再过一百年、一千年、一万年之后究竟是怎样一个状态?说得直白些,会不会是每况愈下:20篇、10篇、5篇以至于所存无几呢?虽然结果我们不得而知，但老去却是无法回避的事实。

三、重观五四那轮"精神日出"

就是在今天，学界同仁每每提及五四，往往都掩饰不住发自内心的一种由衷敬意：一是思想史上那些闪亮登场的字眼排列组合成了一轮最为壮丽的精神日出，撩动并加速着我们的心跳，二是出版史上炮制的当红奇迹无法阻止我们的好奇。遥想"五四派"知识群体搭建的历史世界，故事林林总总，一个世纪之后，仍是人文知识分子挥之不去的历史记忆。

五四时期，涌现出许多的思想经典，内容的丰富性和复杂性为20世纪中国现代性的演进埋下了深深的伏笔。本书围绕五四与20世纪中国现代性的关系展开论述，辑录了对五四经典的解读文章，希望能解释启蒙的演变以及现代性在20世纪中国多副面孔的实际流程，为20世纪中国现代性的演进提供一个历史注脚。五四时期的那些所谓的经典，站在人类文明历史长河的视野看，只能是名篇而非杰作。经典，有一个过程，我们可以叫作经典化的过程。对于真正意义上的经典来说，必须具备两个条件：一是当时的名作，二是经得起历史检验的杰作。五四经典可以为"经"，但"典"却存疑。但这也不是我们否认其价值的理由。我们可以非常自信地说，本书遴选的无疑都是属于那个时代也是这个时代的经典。毕竟，它的时代性已经将其镌刻在历史的丰碑上：白话书写、个性解放、人的发现、自由理念，等等，不一而足。

五四那些经典，是时代性十足的经典，也是带有某些缺憾的经典。它们是以时代性（科学性）压倒永恒性（人文性），以现实关怀代替终极关怀的一个特定时代的经典。浓得化不开的时代性以强硬的压倒势头独占鳌头。一个悖论或者说吊诡又在这里：人的发现、人的觉醒等人的字眼，何以不是人文关怀？这个应是外在的"解放"式的关怀，而非从人性内存出发应有的内在式（"自由"）的关怀。在这个意义上，五四的经典在科学性和人文性上没有实现良性运行的双重变奏，单一的跛足迅跑自然会留下这样或那样的缺憾，科学性升级的时候，人文及其高贵品质人文性每况愈下。"德先生""赛先生"意义上的承载，已经将那一代先驱的"文章"大写在了五四的天空。然而，也正是在这里，我们还应看到，由于对"（创）新"的过分强调，由于对文化遗产的轻薄、失敬而失去了应有的人文（性）基因或者说（基本）元素。再现经典，尤其是在复兴传统文化的当下，我们得到一种感悟：人文传统，作为炎黄子孙的一份文化基因，历经沧桑仍风流豪迈。虽经风吹雨打，但永远不会随之飘落，随着时代的变迁而显得弥足珍贵。这也是文化保守主义者诸如《学衡》同仁奋起抗争的根本原因。于是，也就有了我们重读经典的丰富性选择和多元性解读。

不容否认，当下的文化热已经到了无以复加的地步。因此，我们更有必要理性、客观、冷静地反思一个世纪以来先驱们蹚过的那条文化河床。一首流行歌曲中的歌词颇能解读"知我者谓我心忧，不知我者谓我何求"的心境："谁能与我同行（醉）？"大意如此，是"同行"还是"同醉"，我已经记不清楚了。

　　香港中文大学著名学者金耀基认为，文化现代化是一场庄严、神圣的运动，不只忠于中国的过去，更忠于中国的未来，不只在于解救中国传统面临的危亡，更在于把中国的过去推向更成熟的境地。[①] 遗憾的是，五四启蒙先贤对于传统文化简单化的处理，永远是"残缺不全"的现代性解释。深入剖析五四思想经典所展现的思想谱系，挖掘蕴藏于经典文本之中的现代性思想资源，检讨现代性焦虑下带来的启蒙偏失，提醒我们在共享现代性的同时，要对其招致的致命的"自负"与"偏至"予以充分地提防，诸此种种都是为了给中国现代性文明演进提供可资借鉴的意义注脚。

　　人们尊重古典中国的精神遗产，但更迷恋复杂、喧嚣却生气淋漓的五四新文化。以纪念五四运动百年为契机，解读五四经典文本，重新唤起民众对于五四的记忆，不仅可以直接影响大众舆论及某些具体专业（如中国现代文学史、思想史、文化史等）的发展，更可能重塑当代中国的精神氛围及知识版图。这是对20世纪思想史的一次源头和流变的深度挖掘和梳理，这里的思想梳理并不满足于对于历史真实的还原再现，再现历史不过是为了观照现在、映照未来。在中国现代化问题愈来愈受关注的今天，从五四经典文本重读角度来"审视"五四思想史的来龙去脉，必能在死亡的历史废墟上营造一方生命的绿洲。这，正是社会史"再现过去"的意义所在。这也就应验了德国思想家马克斯·韦伯那句名言："未来如同历史！永恒，发生在持续的追求中！"历史并不仅仅意味着古老、

——————
① 　金耀基：《从传统到现代》，中国人民大学出版社1999年版，第3页。

10

悠远，带着沧桑，带着风雨，在某种意义上，它最具有现代意识。正是历史的传统性和现代性的紧张构成了我们思索的基础。五四的命题是 20 世纪的焦点，但它也更是新世纪的起点。放眼新的百年，五四启蒙的心路历程岂能视而不见？回眸五四，它又如何能阻止我们的心跳？

张宝明

目录

抱小儿还是遛小狗：中西国民的两种活法

——读陈独秀《东西民族根本思想之差异》

褚金勇

中西文化语境不同，人们思维行事方式也有分属。比如中国人特疼孩子，娇生惯养，每天都小皇帝、小公主地伺候着；而西洋人平时喜欢到公园里、马路边遛遛小狗，却把孩子舍在家里，给一个"原则"，而不是一味地"随他"。这是陈独秀百年前在《东西民族根本思想之差异》中做的文化比较，他的意思是让国人多学学西洋人的"自我"和个性，给自我一点位置，从传统家族观念中挣脱出来。当然"疼小儿"还是"抱小狗"只是陈独秀东西民族文化比较中的一个案例，想要更深地理解其思路，我们需要阅读全文，慢慢纾解。

一、东西民族：两种截然不同的文化理念

中国古老沉重的大门开启之后，西学如洪水波涛，滚滚东流。据不完全统计，在五四时期出版的 162 种期刊中，刊登有关西方自然科学的介绍、评论、通讯、科学史、论文达 66 种①。在西方新思想的冲击下，东西方文化的矛盾和冲突日益凸显。在这一背景下，如何对待传统思想与西方思想，如何处理中西文化的关系，日渐成为学者们关心的议题，最终在五四时期爆发了一场东西文化论战。论战始于 1915 年《新青年》杂志的创刊，止于 20 年代中后期，历时 10 年之久。挑起这番论战的人便是陈独秀，代表性文章便是 1915 年 12 月 15 日发表在《青年杂志》上的《东西民族根本思想之差异》。文字开篇言之："五方风土不同，而思想遂因以各异。世界民族多矣：以人种言，略分黄白；以地理言，略分东西两洋。东西洋民族不同，而根本思想亦各成一系，若南北之不相并、水火之不相容也。"在陈独秀笔下，"民族根本思想"通过"文明"反映出来，而"文明"又可具象化于"民族根本思想"中，借助"人"这么一个文化载体表现出来。从陈独秀的中西文化比较中不难发现：（一）西洋民族以战争为本位，东洋民族以安息为本位；（二）西洋民族以个人为本位，东洋民族以家庭为本位；（三）西洋民族以法治为本位，以实利为本位；东洋

①　参见《五四时期期刊介绍》，生活·读书·新知三联书店 1978 年版。

民族以感情为本位，以虚文为本位。

在"西洋民族以战争为本位，东洋民族以安息为本位"一节中，陈独秀在文中明确表达了这样一种观点，即西洋民族天性喜欢战争，身体里流着抗争的和不屈的鲜血；东洋民族天性厌战，爱好和平，凡事隐忍。据此，作者认为东洋民族是劣等民族，"爱平和尚安息雍容文雅"，所以被好战斗勇的西洋民族征服了。在"西洋民族以个人为本位，东洋民族以家庭为本位"一节中，陈独秀指出西洋民族讲究个人主义，以拥护个人自由和幸福为本位；东洋民族崇尚宗法社会，讲究忠孝之道，以家庭为本位。就中国在儒家思想统治下的传统来讲，"君君，臣臣，父父，子子"，在长幼尊卑上区分得很清楚。这种以"三纲五常"为核心的道德严重压抑了个人的本性，在这种封建专制主义的流毒下，中国的整个社会失去了活力，生产力被腐朽的政治制度所严重束缚。在"西洋民族以法治为本位，以实利为本位；东洋民族以感情为本位，以虚文为本位"一节中，陈独秀指出西洋民族重视法治，强调用规则条文而不是感情来处理人与人之间的关系；东洋民族则刚好相反，以血缘关系为纽带向社会辐射，按感情的亲疏关系来处理人与人之间的关系。而靠感情来维系的人与人之间的关系没有明确的权利与义务的界限，看似充满人情味的背后其实各种经济利益错综复杂，一旦发生冲突，种种刻薄寡恩便暴露无遗，此时国人常常感叹"人情冷暖，世态炎凉"。西方人则不同，他们人与人之间的关系更像是一种契约的关系，有种白纸黑字清清楚楚的味道。夫妻之间、父母子女之间均是如此，更别说外人了。这样的好处是没有太多的利益纠缠不清。这跟西方强调个人独立的文化有关。

二、文化差异：不能把空间放在时间的坐标轴上

两种文明在价值理念上有着根本的对立。在陈独秀做出的东西文化比较中，其实早有"先入为主"的理念引导。例如，"西洋民族，自古迄今，彻头彻尾个人主义之民族也"。与此相对，"东洋民族，自游牧社会，进而为宗法社会，至今无以异焉；自酋长政治，进而为封建政治，至今亦无以异焉。宗法社会，以家族为本位，而个人无权利，一家之人，听命家长。"个人本位尊重自由与平等的权利，家族本位戕害个性之发展。陈独秀说："欲转善因，是在以个人本位主义，易家族本位主义"[1]为什么会得出这样的结论？因为陈独秀把东西文化的空间差异放置在了"传统—现代"的时间坐标轴上。他曾经毫无掩饰地表述自己这一观点："人类文化是整个的，只有时间上进化迟速，没有空间上地域异同（许多人所论列的中国、印度、欧洲文化之异同，多半是民族性之异同，不尽是文化之异同）。东方现有的农业文化……西方以前也曾经历过，并不是东方所特有的什么好东西，把这不进化的老古董当作特别优异的文化保守起来，岂不是自闭于幽谷！"[2]

当时，关于"传统"与"现代"问题的急诊充分反映在

---

[1] 陈独秀：《陈独秀文章选编》上卷，生活·读书·新知三联书店1984年版，第98页。

[2] 陈独秀：《寸铁·精神生活东方文化》，《陈独秀著作选》（二），上海人民出版社1993年版，第602~603页。

"新"与"旧"上。本来，民族性与时代性是两个不同层次的概念。从社会学的角度说，中西文化的比较不是什么都可以分出优劣高下的。毕竟，有些属于可评比文化，有些属于非可评比文化。比如，谁能说出富有"民族性"的筷子和刀叉哪一个更好？再回首五四，作为"政治"上的对比，采用对立否定的方式无可非议，但作为"文化"的比较，那些"急头怪脑"的激情就必须予以深层的分析。恰恰在这一点上，后学也缺乏有机的梳理。

作为一个雷厉风行的政治革命家，陈独秀关于自由、法治、平等、民主等思想的影响的确起到了不可估量的历史作用。但是必须指出的是，他把东西、新旧看成是水火不相容的两极，就又充满了"形而上学"色彩。例如，他在《今日中国之政治问题》一文中这样不加分析地表述道："若相信科学是发明真理的指南针，像那和科学相反的鬼神、灵魂、炼丹、符咒、算命、卜卦、扶乩风水、阴阳五行，都是一派妖言胡说，万万不足信。因为新旧两种法子，好像水火冰炭，断然不能相容，要想两样并行，必然弄得非驴非马，一样不成。中国目下一方面既采用立宪共和政体，一方面又采唱尊君的孔教，梦想大权政治，反对民权；一方面设立科学的教育，一方面又提倡非科学的祀天、信鬼、修仙、扶乩的邪说；一方面提倡西洋实验的医学，一方面又相信三焦、丹田、静坐、运气的卫生；我国民的神经颠倒倒乱，怎样到了这等地步！"

三、启蒙天平："万物并育而不相害"的理想境界

　　文化本无优劣之分，东西民族文化的差异完全可以遵守中国古人"万物并育而不相害"的理念共同生存。但陈独秀在启蒙的焦虑下，匆忙粗暴地把空间的差异放置在"传统—现代"的时间坐标轴上进行称量，这其实是有失公允的，启蒙的天平偏向西方也就无法正确地处置东西民族之根本差异。回到文章开头"抱小儿"和"遛小狗"的东西民族观念比较，我们来进行细细分析。中国人重家族观念，上有老，下有小，中有兄弟姐妹，伦理关系的大网层层包裹缠绕着个人，就像巴金小说《家》里面的大哥觉新一样，对家族只有责任的天地，没有自我的空间。相较来说，在美国留学七年的胡适思想就大不相同了。他在一首名曰《我的儿子》的诗中写道："树本无心结子，我也无恩于你。但是你既来了，我不能不养你教你，那是我对人道的义务，并不是待你的恩谊……要你做一个堂堂的人，不要你做我的孝顺儿子！"细细品味其中的字句，就会感受到胡适不但有"爱犬不爱小儿"的思想，而且还有教导儿子不要只孝顺老爹的意思。但我们切不可单从字面上理解这些文字，而把这些论述当作一种不爱儿子、不爱老爹的号召或说导向。

　　回到文章本题，其实陈独秀拎出疼小儿还是遛小狗进行参照，只是予以两种人生意趣的象征，是两种人生品味的反

映。当年，陈独秀比较的爱小儿还是爱小狗的说法，乃是对极度家庭本位的批判，并希望借助"爱小狗"的话语导引个人本位的价值观。环顾当下的爱狗人士，又有几人能解五四先驱的个中味？换句话说，真有舍本求末、东施效颦的尴尬！当下，我们在大街小巷满眼都是只遛爱犬、不带小儿的少妇。难道她们真的就有了"自我"的个性化气质吗？在某种意义上说，虽然五四离开百年了，她们连当年鲁迅批评的那个"不是堕落就是回来"的娜拉的境界也不如。模仿言行容易，内化为气质却很难。遛狗，不是以狗为本位，而是要以人为本位，陈独秀当年一再述说新文化运动是"人"的运动，不是"狗"的运动。今天很多的爱犬人士把狗看得比人还重要，其实那是"模仿"了五四的皮毛，不是继承了五四的精神，在某种意义上也不是追随了西洋人的价值观，只是对新文化运动的反动而已。

　　站在百年之后的历史时空中，重新审视陈独秀饱含偏至的文化比较，可以清晰地看出他有"先入为主"的思维模式：在分析论述东西民族根本思想之差异时，他往往先行确立一种参照标准，一般把新的、西方的思想文化作为参照标准。然后反复强调中与西、新与旧的不可调和，把二者视为互相绝对排斥的两极，非此即彼，势不两立，二者唯有取一去一，倡导不破不立、不塞不止的一元论，这是种形而上学的思维方法，他把极其错综复杂的社会变革过程简单化，以矫枉过正的过激方式取得立竿见影的效果。尽管可以理解其彼时彼刻"哀其不幸怒其不争"的爱国怨气，也承认其偏至文化比较确实起到了价值引领的启蒙功效。但仍要反思其不足，从而探索客观正确的文化比较理念。《礼记·中庸》有言曰："辟如四时之错行，如日月之代明，万物并育而不相害，道并行而不相悖。"宇宙和大自然的法则中，包容精神与和合之道随处可见。据此而言，东西民族文化理念尽管不同，但可以同时生长而不相妨害，这才是对待文化比较、理解文化生长的正确路径。

启蒙之后，我们能"立地成佛"吗？

——读陈独秀《吾人最后之觉悟》

褚金勇

这是陈独秀写于五四的一篇战斗檄文，更是一篇不可多得的启蒙经典，他揭开了新文化运动伦理革命的序幕，更开启了一个新的时代先声。还是让我们听听陈独秀惊天动地的思想真声吧："吾敢断言曰：'伦理的觉悟，为吾人最后觉悟之最后觉悟。'"一个风云际会、风雨飘摇、各家思想争锋、各路英雄逐鹿的时代。这个时代，旧中国刚刚一只脚迈出几千年封建社会的泥潭，另一只脚却还在民主和专制之间徘徊，社会上中西文化、新旧文化不断交锋，对于中国未来命运的论辩也从未停止。当辛亥革命把民主共和的旗帜插上了紫禁城头，迷茫中的民众迎来了千古之未有的变局。正当爱国志士们为中国的新生摇旗呐喊时，袁世凯窃取革命果实，并于1915年在社会上掀起恢复帝制、尊孔复古的逆流，霎时间，帝制与共和、专制与民主的矛盾加剧，人民又陷入了迷茫之中。终于，一场摧枯拉朽、疾风骤雨般的思想解放运动在中国大地上展开了，而这场救民族于危难的运动的主要领导者就是陈独秀。

一、国民之"觉悟"：新文化运动的第一要务

在《吾人最后之觉悟》一文中，陈独秀开篇便言："人之生也必有死，固非为死而生，亦未可漠然断之曰为生而生。人之动作必有其的，其生也亦然。洞明此的，斯真吾人最后之觉悟也。"这是从宏观角度观测立论，而"即盱衡内外之大势，吾国吾民，果居何等地位，应取何等动作也"。陈独秀根据觉悟之程度，把西学东渐、中国变革的过程分为七个时期：第一期在有明之中叶，信之者唯徐光启一人而已；第二期在清之初世，是为中国新旧相争之始；第三期在清之中世，曾李当国，相继提倡西洋制械练兵之术，于是洋务西学之名词，发现于朝野。第四期在清之末季，康梁诸人，乘时进以变法之说；第五期在民国初元，渐生政治根本问题之觉悟，进而为民主共和君主立宪之讨论；第六期则今兹之战役也，吾人于共和国体之下，备受专制政治之痛苦，此等政治根本解决问题，犹待吾人最后之觉悟，此谓之第七期，民国宪法实行时代。从其划分的标准中，我们可以清楚地知道，陈独秀当时非常重视"国民之觉悟"的问题。陈独秀发出呼吁："故吾曰此等政治根本解决问题，不得不待诸第七期吾人最后之觉悟，此觉悟维何，请为我青年国民珍重陈之。"

"何为吾人最后之觉悟？"陈独秀从"政治的觉悟"和"伦理的觉悟"两方面分别立论。首先是"政治的觉悟"。西方阶级革命、工业革命不断，西方快速进入了新的历史发展时期，而"吾国专制日久，惟官令是从。人民除纳税诉讼外，与政府无交涉。国家何物，政治何事，所不知也"。"国家意识""民族意识"的淡薄对一个国家、民族来说是致命的，所以说人民具有这种社会责任感"是为吾人政治的觉悟之第一步"。根据自然法则，"吾国欲图世界的生存，必弃数千年相传之官僚的专制的个人政治，而易以自由的自治的国民政治也"。是为吾人政治的觉悟之第二步。"共和立宪而不出于多数国民之自觉与自动，皆伪共和也伪立宪也，政治之装饰品也，与欧美各国之共和立宪绝非一物。以其于多数国民之思想人格无变更，与多数国民之利害休戚无切身之观感也"，是为吾人政治的觉悟之第三步。

　　其次，"伦理的觉悟"。陈独秀说，"伦理思想，影响于政治，各国皆然，吾华尤甚"。中国几千年的历史，儒家思想一直与政治有着紧密的联系，被用来束缚人民的思想，为封建统治者服务，诸如三纲五常，"存天理，灭人欲"等思想不仅巩固了社会的等级制度，而且不断抵制外来文化的交流，使民族日趋落后。针对这一封建余孽，陈独秀振臂高呼"盖共和立宪制，以独立平等自由为原则，与纲常阶级制为绝对不可相容之物，存其一必废其一"。陈独秀希望国民能够觉悟到新旧文化的高低优劣，能够自觉摒弃中国传统文化而拥抱西方新文化，这乃是"最后觉悟之最后觉悟"。

二、"觉悟"的杠杆：能够掀翻积重难返的中国

熟读此篇，就会发现，陈独秀把拯救危亡的筹码都押在"觉悟"之上了。检索中国近代的文献资料，我们很容易发现一些关于"觉悟"之类的话语。诸如，"国民觉悟""根本的觉悟""最后觉悟之最后觉悟""先知先觉"，不一而足。但这里觉悟与启蒙的关系是需要我们深究的。事实证明，让人觉悟到自由的价值、平等的重要、人道的意义并不难，但真正理解掌握其中的逻辑原理以及施行规则，还是需要一个漫长的过程的。细心的人不难发现，自欧洲启蒙运动以来，所谓"启蒙"不仅指让别人接受某种观点，而且指让别人真正认识到某种观点的正确性。启蒙要人接受的不是"意见"而是"真理"。对启蒙对象的觉悟诉求通常都只是让他们形成某种自己可以接受的思想观点，但绝大多数时候不可能让他们真正掌握理性的思维方法。有时哪怕启蒙者主观上试图传达给启蒙受众理性思考的方式，但受众接受的也仍然只是具体的思想观点。这也就是情感上的觉悟认同与理性上的启蒙认知的区别。狄百瑞在论述启蒙与觉悟的关系时曾经指出："'觉悟'带有较强烈的主观及神秘色彩，可与'启蒙'所强调的客观科学理性背道而驰。"[1]

这里我们暂且抛下"政治觉悟""伦理觉悟"的分歧，需

---

[1] 详见陈海文：《启蒙论》，香港中文大学出版社2000年版，第105页。

要追问的是：是不是国民"觉悟"了就一了百了了，启蒙就成功了，民主、共和、宪政就此就可以自然建立起来了呢？事实上，在很多启蒙先贤心中一直存在着这样一种误解，认为中国之所以腐朽落后都是由于国民的觉悟低下。一旦民主、共和遭到威胁破坏，便归咎于中国国民素质低下，不适合先进的民主共和制度，然后在国民觉悟问题上下功夫。然而，"觉悟"不能简单地等同于启蒙；国民觉悟与民主法制，也不是"国民觉悟高了，法制自然就完善了，民主自然就能实行了"的简单逻辑。其实二者不是先后关系，而是一个共依共存、相互激荡的过程——民主法制促进国民觉悟的提高，国民觉悟的提高促进民主法制的完善。

三、启蒙之"理性"：如何补足"觉悟"的短板

众所周知，启蒙的重要内涵就是"理性"，康德对启蒙的经典定义家喻户晓："启蒙就是人类脱离自我招致的不成熟。不成熟就是不经别人的引导就不能运用自己的理智。如果不成熟的原因不在于缺乏理智，而在于不经别人的引导就缺乏运用自己理智的决心和勇气，那么这种不成熟就是自我招致的。Sapere aude！要有勇气运用你自己的理智！这就是启蒙的座右铭。"[①] 然而，五四思想启蒙中却偏重"觉悟"，其催生的不仅仅是一种思想的存在方式，而且是一种思想的运行方

① ［德］康德著，徐向东、卢华萍译：《对这个问题的一个回答：什么是启蒙？》，《启蒙运动与现代性》，上海人民出版社 2005 年版，第 61 页。

式。很多所谓的理性其实都是想象的理性，无根的理性，建立在感性之上的理性。诚如杜亚泉评价五四新文化派所说的："新思想依据于理性，而彼则依据于感性……固以非新非思想而揭櫫为思想者，实际上乃阻遏新思想之最有力者也。"[1] 杜氏批判新文化派"阻遏新思想之最有力者"的论断难免偏激，但是他却点破了中国近代启蒙的弱点，它所践行的更多是情感上的启蒙、伦理上的启蒙，"只是'拿来'了西方理性从认识理性到价值理性、从逻辑理性到实践理性这一复杂结构中的最表层的部分，即价值理性（包括价值准则、价值理想等），忽视乃至无视作为西方理性探索之根柢的深层动力的认识理性、逻辑理性或纯粹理性"[2]。

近代启蒙运动确实撬动了人们的价值观念，但价值观念的启蒙并不能代表国人的逻辑理性的提高。在价值观念占主导的启蒙下，启蒙思想所审视的已经不是问题本身，而是问题之先的态度、情感、欲望、信念等非理性因素，在问题的处理中起主导作用。换言之，"觉悟"到自由、民主、公平、正义这些词汇的价值并不需要太高的智慧，倒是如何通过合理的程序实现自由、民主、公平、正义才是最棘手的问题。启蒙绝不是"觉悟"了就万事大吉了，但很多时候五四先贤抓住"觉悟"不放，而对"觉悟"后的民主训练、秩序养成关心甚少乃至置若罔闻。这种情况到现在也没有大的改观。辛亥

---

① 杜亚泉：《何为新思想》，《杜亚泉文选》，华东师范大学出版社1993年版，第421页。

② 张宝明、张光芒：《百年"五四"：是"文艺复兴"还是"启蒙运动"？》，《社会科学论坛》，2004年第11期。

革命以来，关于"民主共和已经深入人心"的话已经重复了近一个世纪。那么，我们要追问的是，既然已经深入人心，就不能说中国人没有觉悟，可为什么至今我们的民主体制依然没有完善，我们的法律意识依然非常薄弱？启蒙！启蒙！启蒙，怎一个"觉悟"了得？其实，"觉悟"只是启蒙的万里长征走完的第一步，"觉悟"后的启蒙之路更为漫长、更为艰难。

袁世凯与专制：鸡生蛋还是蛋生鸡？

——读陈独秀《袁世凯复活》

褚金勇

谈到袁世凯，相信国人不会陌生。他曾经是影响中国近代史的关键人物，是他迫清帝溥仪和平退位，结束了封建帝制，也是他让报纸舆论造势，复辟了封建帝制，并最终在国人的骂声中死去。因此，对他的荣辱功过人们各有评说，有人认为他对中国的近代化改革做出贡献，是真正的改革家；也有人说他是"独夫民贼""窃国大盗"。袁世凯是中国近代史上最具争议的人物之一，虽然没有"定论"，但确实已经"盖棺"了。然而，在陈独秀笔下，"袁世凯"又活灵活现地复活了。

一、"精神之袁世凯"：子子孙孙无穷尽也

　　1916年6月6日，袁世凯死了，他在人民骂声中忧愤而死。缘何如此？1915年12月，时任中华民国大总统的袁世凯将宝月楼更改为新华门，将中南海的总统府改为新华宫，废除共和政体，把国号改成中华帝国，实施帝制，并接受百官的朝贺。12月，云南、贵州、广西相继宣布起义，发动护国战争，讨伐袁世凯。袁世凯忧愤成疾，最终死去。1916年12月1日出版的《新青年》上，陈独秀却宣布"袁世凯复活"，细心阅读会发现不是"袁世凯"的"肉身复活"，而是"精神袁世凯"的复活，陈独秀在文中写道："肉体袁世凯已死，而精神之袁世凯固犹活泼泼地生存于吾国也。不第此也，即肉体之袁世凯，亦已复活。吾闻其语矣，吾见其人矣。其人之相貌，思想，言论，行为，无一非袁世凯，或谓为'袁世凯二世'。"

　　"袁世凯二世酷肖袁世凯一世之点甚多：其身矮而胖也同。其口多髭须也同，其眸子不正，表示其心术也同。其风姿气味，完全一市侩，无丝毫清明之气也同……其自命为圣王，雄才大略也同。其贪财好色，老而不戒也同。其欲祭天尊孔以愚民也同。其爱冕旒喜拜跪也同。其尊信文武圣人，求神，治鬼，烧香，算命，卜卦，看相也同。其主张复古，提倡礼教国粹也同。其左袒官僚，仇视民党也同。其重尊卑阶级，疾视平等人权平民政治也同。其迷信官权万能，恶民权如蛇蝎也同。

其主张高下从心之人治，恶法治害己也同。其主张小学读经，以维持旧思想也同。其怂恿军人，摇旗呐喊，通电拥护旧政教，排斥新人物也同。其口称德义，而负友辜恩也同。其自居为中国第一老资格，而国人亦以第一老资格目之也同。其对门生部属，有命令而无辩论也同。其主张荒谬，即上座党徒亦反面攻之也同。其利用国民弱点，投合旧社会之心理，增上其种种罪恶，以自攫权势也同。""袁世凯二世！袁世凯未死！袁世凯复活！此声也，不祥之声也。吾何忍作此声以扰国人之好梦？然黑越越中，实有老狯，呼之欲出。"

二、专制之"辩证法"：专制的种子并非"无土栽培"

在《袁世凯复活》一文之首，陈独秀便援引了蔡元培的一段话："袁氏之罪恶，非特个人之罪恶也。彼实代表吾国三种之旧社会：曰官僚，曰学究，曰方士。畏强抑弱，假公济私，口蜜腹剑，穷奢极欲，所以表官僚之黑暗也。天坛祀帝，小学读经，复冕旒之饰，行拜跪之仪，所以表学究之顽旧也。武庙宣誓，教会祈祷，相士贡谀，神方治疾，所以表方士之迂怪也。今袁氏去矣，而此三社会之流毒，果随之以俱去乎？"这段话意在思考专制人物与专制土壤的问题。易言之，是袁世凯产生了专制，还是专制产生了袁世凯？这当然是一个"鸡生蛋还是蛋生鸡"的悖论命题。但这里不是为了故意绕嘴，而是想指出人们在历史阅读或者现实生活中很容易忽视乃至熟视无睹的问题。长期触摸历史的人会发现，中国历史上有这样一种现象，人们总是对那些专制魔王充满刻骨的仇恨，把所有的责任都归咎于一个人身上，认为一旦革掉专制者的命，那么专制就会灰飞烟灭了，自由民主自然就会到来了。可是，文明中国的历史逻辑往往是：一个袁世凯倒下去，千万个袁世凯"争"着来！

思想史一再证明：革去专制的土壤比革去专制者的命更为重要！我们看到，几千年的中国，无论是农民起义，还是近代意义上的资产阶级革命，想要革掉专制者的命并不难，难的是如何避免"割韭菜"式的在劫难逃的历史宿命。鉴于这个命题不为一般革命志士所认同，陈独秀在经历了辛亥革命、二次革命等大大小小的一系列革命后，幡然悔悟。如同鲁迅在《阿Q正传》里借老尼姑之口发挥的一样："革不是革过了，还要革的我们怎么样呢？"革掉专制者头上的皇冠不难，而剔除后来者虚位以待的"皇帝"情结可就不容易了。因此，陈独秀在悲愤和郁闷中撰写了《袁世凯复活》一文，理性审视国民劣根性，他警告世人："肉体之袁世凯已死，而精神之袁世凯固犹活泼泼地生存于吾国也。""袁世凯废共和复帝制，乃恶果非恶因；乃枝叶之罪恶，非根本之罪恶。"袁世凯虽然死了，但是滋生专制、孕育袁世凯的土壤还没有死，由此专制也就随时可以死灰复燃、借尸还魂。

后来，陈独秀背负了来自各方的沉重的政治负荷，但始终对"袁世凯的复活"充满警惕。

三、未曾完成的启蒙任务：培育民主共和的"土壤"

西哲康德有言："革命也许能够打倒专制和功利主义，但它自身决不能改变人们的思维方式。旧的偏见被消除了，新的偏见又取而代之。它像锁链一样，牢牢地禁锢着芸芸众生。"三复斯言，意味深长。回顾民国初年的历史，死了专制的袁世凯，又来了专制的段祺瑞、徐世昌。专制复专制，专制何时了？一轮又一轮，如同基因的复制和克隆一样，文化传统中的基因遗传生生不息，难怪当时的文化先驱蔡元培也感喟不已：满街上都是袁世凯的气息和面相。百年过去，我们的启蒙任务还是很重，袁世凯以各种各样的形式复活。这说明新文化运动的启蒙任务还没有完成。

作为知识分子来讲，当务之急应当是把启蒙的一些道理，原原本本地搞清楚，然后写到自己的文章中，贯彻到自己的言行中，让民众在这个过程中逐渐受到感染和熏陶，进而超出数千年以来形成的思想局限。经过百年的启蒙，民主共和已经深入人心，相信大部分国人也讨厌袁世凯，也十之有九希望民主共和的产生吧，然而情形是这样：不但产生民主共和难，单是有孕育民主共和的泥土也难。我们无力主宰民主共和的降临，但这孕育民主共和的泥土，似乎大家都可以做，这样比单纯地祈求民主共和降临更加切实有效一些。没有民主共和的土壤，便没有民主共和的制度，没有国民思想的现代化，就没有国家的现代化。所以，百年后的思想启蒙同样极为重要，但因为文化层次的差异、社会分工的不同，启蒙的侧重点要有所不同，即：应尽量化繁为简、化难为易，将冗长、晦涩的理论化为简明扼要、通俗易懂的常识，并着重于契约精神、公民权利和义务、法治观念和法律知识的普及。由于这个群体极其庞大，启蒙过程必将十分漫长，所以启蒙者必须有充分的耐心和耐性。

德、赛两先生：您如何能阻止我的心跳？

——读陈独秀《本志[1]罪案之答辩书》

褚金勇

将民主、科学引入中国，无疑是五四新文化运动的显功。那个时期人们亲切地称呼他们为“德先生”“赛先生”。先生既是尊称，又有国民之导师的意思，这是确实的。在五四先贤心目中，“德先生”“赛先生”完全是从西方天堂而来的完美无缺、纯洁无瑕的“天使”，是解决中国问题的钥匙，解救中国人民于水深火热的救命稻草。

五四先贤拥护两先生的誓言铿锵有力：“西洋人因为拥护德、赛两先生，闹了多少事，流了多少血，德、赛两先生才渐渐从黑暗中把他们救出，引到光明世界。我们现在认定只有这两位先生，可以救治中国政治上、道德上、学术上、思想上一切的黑暗。若因为拥护这两位先生，一切政府的迫压，

① 指《新青年》。《本志罪案之答辩书》发表于《新青年》第六卷第一号，1918年1月15日。

社会的攻击笑骂，就是断头流血，都不推辞。"这段为民主、科学辩护的话可以说是五四先贤真性情的流露。头可断、血可流，但对民主、科学的情意不会丢。面红心跳的五四先贤，对于"德""赛"两先生岂止是情深义重，简直是铁杆粉丝。他们动辄开出"厥惟科学"的药方，将科学代替"宗教"、包办"文学"、解决"人生观"问题推向了极端；他们寄希望于民主制度的建立，人人参政，将中国各种问题解决，变成人间天堂。

由此可见，无论他们唯科学主义的做法还是对民主乌托邦的追求都到了顶礼膜拜的地步，难怪张灏先生说"德先生""赛先生"在五四人心中已经变成了"德菩萨""赛菩萨"。"德先生""赛先生"在五四中国的联袂出演使得万民鼓舞，的确带来了盛世繁华，但对其理解的偏至也给中国埋下了隐患。救亡图存是每一个知识分子的关怀。他们在心理上都热切地希望能够找到一套放之四海而皆准的思想武器，一揽子解决中国积累的重重问题，使中国迅速走向民主富强。他们的思想是深刻的，他们的行动却是化约式的，从此种意义上说，"深刻的片面"的评价对他们来说是恰切的。

我们究竟应当不应当爱国？

——读陈独秀《我们究竟应当不应当爱国？》

褚金勇

或许大家都会有同感，看奥运会时，每当颁奖会场上升起五星红旗，奏起中华人民共和国国歌时，我们都有一种说不出的自豪感。十几亿的中国人的心在那一刻紧紧抱在一起。这就是国家的力量，国家给个人以栖息之地和民族身份的认同感。胡适在晚年颠沛流离的时候的话让我们禁不住心动："青山就是国家，国家倒霉的时候，等于青山不在，青山不在的时候，就是吃自己的饭，说自己的话，都不是容易的事情。"或许我们现在没有了那种感觉，但想想那些四海漂泊的犹太人，就知道国家对个人有什么意义了。一个人怎能没有自己的祖国？

我们应当不应当爱国？这是一个不待思考就能回答的问题。然而在五四这一无疑而问的问题却被陈独秀郑重提出。应该看到，这是五四爱国运动发生后写就的文章。对于这样一个问题，陈独秀有着沉重的心情，也有着令人触目惊心的回答："国家国家，尔行尔法，吾人诚无之不为忧，有之不为喜。""'爱国'二字往往可以用作搜刮民财压迫个人的利器""爱国是害人的别名""国家不过是一种骗人的偶像"。陈独秀在文中拎出"感情"与"理性"来分析爱国问题，他认为爱国缺少理性，多是感情的产物。在感情的盲动中爱国有时为善有时也为恶。不能清楚这一点，就只能"爱之愈殷，其愚也愈深"。阅读陈氏对爱国问题的讨论，确实有到位的阐释与定位，有客观甚至冷酷的分析。但是他真的不爱国吗？他貌似对国家愤恨不平，实则内怀忧惧，从字里行间我们可以体悟到他"理性"与"情感"的紧张。他冰冷的分析，不过是恨铁不成钢的情感作祟。"老子真无为，何来五千言？"同理，倘若陈独秀真的认为国家"无之不为忧，有之不为喜"，又何来如此的愤激之情？

看来，问题的关键不是爱不爱国，而是怎样爱国？陈独秀非常深刻地看到，"爱国大部分是感情的产物，理性不过占一小部分，有时竟全然不合乎理性……当社会上人人感情热烈的时候，他们自以为天经地义的盲动，往往失去了理性，做出自己不能认识的罪恶。这是因为群众心理不用理性做感情的基础，所以群众的盲动，有时为善，有时也可为恶"。由此来看，爱国不能感情用事，更要理性分析。仅凭感情所发，有时爱国恰恰流于误国。陈独秀百年前提出的"理性爱国"问题穿越时空，到现在还饱蕴指导性意义。

打造青春之我与青春中华：读李大钊《青春》

张　剑

　　李大钊的《青春》发表于《新青年》第二卷第一号。正如《新青年》刊名所标示的那样，这是一份立意于塑造青年、指导青年的有着强烈的社会担当与使命意识的期刊。陈独秀在《青年杂志》开卷的《社告》中写道："国势陵夷，道衰学弊，后来责任，端在青年。"① 李大钊这篇情感炽烈、文采斐然的《青春》，与创刊号上陈独秀的《社告》与《敬告青年》遥相呼应，表明了杂志当时的兴奋点与关注点。至今读来仍觉荡气回肠，让人感佩不已。

　　作者首先展现了一幅生机盎然的春日图景："肃杀郁塞之象，一变而为清河明媚之象矣；冰雪沍寒之天，一幻而为百卉昭苏之天矣。""当兹春雨梨花，重门深掩，诗人颇颔，独倚栏杆之际，登楼四瞩，则见千条垂柳，未半才黄，十里铺青，遥看有色。"② 《青春》的写作日期现已无法考证确切，大抵写于1916年2月至5月间。"《青春》之作，既是由于春天来临，

---

① 陈独秀：《社告》，《青年杂志》第一卷第一号，1915年9月15日。
② 李大钊：《青春》，《新青年》第二卷第一号，1916年9月1日。

也是由于袁世凯被迫于 2 月 23 日下令暂缓登基，复于 3 月 23 日正式发表取消帝制令，反对帝制的斗争取得胜利而写的。因此，李大钊所说的春天既是指自然现象，也是指国家政治现象。"① 文中对春天来临时万物复苏景象的描述，其实也正是作者心中清明政治之象的外化。由春日景色之烂漫，作者自然联想到青春之美好，青春之于人生，正如春天之于四季——一切都充满了希望与无限的可能性："彼悠闲贞静之青春，携来无限之希望，无限之兴趣，飘然贡其柔丽之姿，于吾前途辽远之青年之前，而默许以独享之权力。"②

接着，文章从宇宙之道、自然之道与人类生存之道反复论证了青春的特质。宇宙无限无极、无始无终，"宇宙无尽，即青春无尽，即自我无尽"③。在宇宙无穷进化与无限延展的链条中，每一个当下都是青春。由此，作者所理解的青春，并非专指年龄——青春并非年轻人的特权与专利。在同时期的另一篇文章中，作者对此做了补充："老辈云者，非由年龄而言，乃由精神而言；非由个人而言，乃由社会而言。有老人而青年者，有青年而老人者。老当益壮者，固在吾人敬服之列，少年颓丧者，乃在吾人诟病之伦矣。"④ 因此，青春与否，并非指年龄上是否年轻，而指的是一种精气神，一种奋发有为、改天换日的豪迈气概："此之精神，即生死肉骨、回天再造之精神也。此之气魄，即慷慨悲壮、拔山盖世之气魄也。惟真

① 朱志敏：《李大钊传》，山东人民出版社 1998 年版，第 153 页。
② 李大钊：《青春》，《新青年》第二卷第一号，1916 年 9 月 1 日。
③ 李大钊：《青春》，《新青年》第二卷第一号，1916 年 9 月 1 日。
④ 李大钊：《〈晨钟〉之使命》，《晨钟报》创刊号，1916 年 8 月 15 日。

知爱青春者，乃能识宇宙有无尽之青春，惟真能识宇宙有无尽之青春者，乃能具此种精神与气魄。"①

最后，作者由宇宙之青春、地球之青春引申到民族之青春、国家之青春："有青春之民族，斯有白首之民族，有青春之国家，斯有白首之国家。"作者在对世界史进行简短回顾的基础上得出结论："由历史考之，新兴之国族与陈腐之国族遇，陈腐者必败；朝气横溢之生命力与死灰沉滞之生命力遇，死灰沉滞者必败；青春之国民与白首之国民遇，白首者必败，此殆天演公例，莫或能逃者也。"②李大钊行文的最终落脚点，在于其对中国未来命运的关注与青年人的历史使命。在李氏看来，青春并不意味着任性妄为、自行其是，青春更主要的是代表一种责任与担当。青年当"本其理性，加以努力，进前而勿顾后，背黑暗而向光明，为世界进文明，为人类造幸福，以青春之我，创建青春之家庭，青春之国家，青春之民族，青春之人类，青春之地球，青春之宇宙，资以乐其无涯之生"③。

将挽救民族危亡的重任寄托于青年，是晚清以来有识之士的共识。梁启超的《少年中国说》是这种思路的典型演绎："少年智则国智，少年富则国富；少年强则国强，少年独立则国独立；少年自由则国自由，少年进步则国进步；少年胜于欧洲则国胜于欧洲，少年雄于地球则国雄于地球。"④梁氏以其

---

① 李大钊：《青春》，《新青年》第二卷第一号，1916年9月1日。

② 李大钊：《青春》，《新青年》第二卷第一号，1916年9月1日。

③ 李大钊：《青春》，《新青年》第二卷第一号，1916年9月1日。

④ 梁启超：《少年中国说》，《饮冰室合集》（文集5），中华书局2015年版，第11页。

特有的汪洋恣肆的魔力文字一度将青年推到历史的前台。稍后的陈独秀实际上也沿袭了同样的道路，救国先新民，尤其是先新"青年"，孜孜以求打造奋发向上的、刚健有为的历史主体，以期改变古老中国老态龙钟、颓废腐败的面貌。在《青年杂志》创刊号上，主编立意高远"敬告青年"，指出青年六义：自主的而非奴隶的、进步的而非保守的、进取的而非退隐的、世界的而非锁国的、实利的而非虚文的、科学的而非想象的。李氏《青春》的立论实际上是梁启超、陈独秀等人青年设想的延续。在实际的人际关系中，李大钊与梁、陈二人均往来密切，颇多交集。1916 年 8 月 15 日，由梁启超、汤化龙等人创办的《晨钟报》问世，李大钊受邀担任编辑部主任，并在创刊号上发表《〈晨钟〉之使命——青春中华之再造》。陈独秀任主编的《青年杂志》创刊后，李大钊又是核心作者。这种人事上的交集，也在思想上体现出来。

　　五四是一个高度重视个性的时代。在外国思潮的启迪下，中国人开始重新发现自我、肯定自我甚至是崇拜自我，原先一直隐藏在集体、"大我"之下的自我开始突围，由此也形成了五四青春飞扬、酣畅淋漓的特质。然而，在五四多元、驳杂的文化语境中，对自我与"个性"的理解存在很大的偏差。以郭沫若等人为代表的创造社强调个人与自我的反叛与自由，那舍弃旧皮囊在烈火中涅槃的凤凰，那打倒一切、反叛一切的"天狗"，就是他们心目中自我的理想型。即使在《新青年》内部，对个性与自我的理解也不尽相同。周作人坚守人道主义的人性观念，但也特别强调："我所说的人道主义，并非所谓'悲天悯人'或'博施济众'的慈善主义，乃是一种个人主义的人间本位主义。"① 这种人道主义首先保障的是个人的权利，个人进步是人类进步的前提："第一，人在人类中，正如森林中的一株树木。森林盛了，各树也都茂盛。但要森林茂，却仍非靠各树各自茂盛不可。第二，个人爱人类，就只为人类中有了我，与我有关的缘故。"② 周作人这种对个人本位的坚持，也得到了胡适的认同与呼应。胡适认为"社会最大的罪恶莫过于摧折个人的个性，不使他自由发展"，"个人须要充分发达自己的天才性；须要充分发展自己的个性"③。

与周作人、胡适等人的"个人本位"不同，李大钊代表了《新青年》对这一问题的另外一种理解方式，那就是强调个人与国家、社会的统一。在李大钊有限的人生中，始终保持着对民族、国家问题的热切关注。写作《青春》前一年即1915年1月，日本驻华公使向总统袁世凯递交了包括5项共21条内容的处理山东及其他问题的意见书，即"二十一条"，要求中国政府承认日本接收德国在山东享有的一切权益等无理要求，严重损坏中国主权，引起中国人民的极大愤慨。彼时尚在日本留学的李大钊就积极参加了留学生反对"二十一条"的运动，并写下了极富感染力的《警告全国父老书》："噩耗既布，义电交驰。军士变色，学子愤慨，商人喧噪，农夫激怒。凡有血气，莫不痛心，忠义之民，愿为国死。留日学子，羁身异域，回望神州，仰天悲愤。既然到了国亡人死之际，已无投鼠忌器之顾虑，应有破釜沉舟之决心。万一横逆之来，迫

---

① 周作人：《人的文学》，《新青年》第五卷第六号，1918年12月15日。

② 周作人：《人的文学》，《新青年》第五卷第六号，1918年12月15日。

③ 胡适：《易卜生主义》，《新青年》第四卷第六号，1918年6月15日。

我于绝境，则当率我四万万忠义勇健之同胞，出其丹心碧血，染吾黄帝以降列祖列宗光荣历史之末页。"①1916 年，在同一时期为《晨钟报》创刊号写的发刊词中，李大钊再次提到年轻人的社会使命："吾人须知吾之国家若民族，所以扬其光华于二十稘之世界者，不在陈腐中华之不死，而在新荣中华之再生；青年所以贡其精诚于吾之国家若民族者，不在白发中华之保存，而在青春中华之创造。《晨钟》所以效命于胎孕青春中华之青年之前者，不在惜恋黭黮就木之中华，而在欢迎呱呱坠地之中华。是故中华自身无所谓运命也，而以青年之运命为运命；《晨钟》自身无所谓使命也，而以青年之使命为使命。青年不死，即中华不亡，《晨钟》之声，即青年之舌，国家不可一日无青年，青年不可一日无觉醒，青春中华之克创造与否，当于青年之觉醒与否卜之，青年之克觉醒与否，当于《晨钟》之壮快与否卜之矣。"②字里行间均充溢着对青年的殷切期待。

《青春》一文写作与发表时，五四运动并未发生。几年之后，被视为中国现代史开端的五四运动爆发。正是在五四运动中，一大批年轻人罢课罢工、游行示威，走上了历史的前台，吹响了中华民族反帝反封建的号角。梁启超、陈独秀、李大钊联袂对青年的赞美与期盼，终于随着历史的进展成为了现实。五四运动以青年为先导，为先锋，固然与青年本身就血气方刚、容易群情激奋有关，也与晚清以来有识之士的舆论

① 李大钊：《警告全国父老书》，《李大钊文集》上册，人民出版社 1984 年版，第 115 页。

② 李大钊：《〈晨钟〉之使命》，《晨钟》创刊号，1916 年 8 月 15 日。

引导有关。"导师"的殷殷期待与"青年"的奋发有为，成为中国近现代史上的一道亮丽风景。因此，也可以将《青春》视为青年人觉醒、青春之中华崛起的伟大预言，其历史意义由此彰显。

多年之后，著名作家王蒙在重读《青春》时依然感慨不已："重读李大钊之《青春》，为我国早期共产主义志士追求之弘远，感情之炽烈，境界之崇高，学问、思想、直到词汇之丰富而拍案叫绝，而热泪盈眶。"①那种为民族国家献身的热忱，感动着一代代的读者。不论在什么时代，青年都是国家的希望与未来，都应该是朝气蓬勃的、意气风发的。正如王蒙所希冀的："一百多年过去了，中国已经不是那个风雨如晦、摇摇欲坠的中国了，同样我们也期待着当初少年精神、青春精神的回归、重现与发展、完美。"②

---

① 王蒙：《重读李大钊的〈青春〉》，《文汇报·笔会》，2017 年 5 月 4 日。
② 王蒙：《重读李大钊的〈青春〉》，《文汇报·笔会》，2017 年 5 月 4 日。

马克思主义中国化的滥觞:《庶民的胜利》解读

张　剑

　　《庶民的胜利》作为"关于欧战的演说三篇"之一发表于《新青年》第五卷第五号，另外两篇分别是蔡元培的《劳工神圣》和陶履恭的《欧战以后的政治》。杂志标注的出版时间为1918年11月15日，实际上应属印刷与标注失误，因为蔡元培、陶履恭等人的演讲均在11月15日之后。11月15日、16日，北京大学决定在中央公园举行讲演会，发表演说的有北大校长蔡元培等11人，李大钊并未列名其中。1918年11月27日，《北大日刊》头版头条刊载《本校特别启事》："本月二十八日至三十日为庆祝协约国战胜日期，本校拟于每日下午开演说大会（地点在中央公园内外，俟择定后再行通告），各科教职员及学生有愿出席演说者，望即选定演题，通知文牍处，以便先行刊印，散布听众。"[①] 以后，《北大日刊》自12月3日至24日，共发表了七个人的演说词。其中，12月5日刊载了陶履恭的《欧战以后的政治》，并标明"陶履恭教授在中央公园之演说"；12月6日刊载了《庶民的胜利》，并标明"李大钊

---

① 《本校特别启事》，《北大日刊》，1918年11月27日。

主任在中央公园之演说"①。《新青年》第五卷第五号将蔡元培、李大钊等人的3篇演说汇集成一个主题，应该属于对《北大日刊》的转载，在时间上肯定不会早于《北大日刊》，因此，该期的实际出版时间不会早于1919年1月。从《北大日刊》12月6日刊载李大钊的演说词来看，李大钊演说的时间应该是在1918年11月末或12月初。

1918年11月11日，第一次世界大战以同盟国宣告失败、协约国胜利告终。中国是第一次世界大战中的协约国成员，约15万名中国劳工在欧洲战场为协约国服务，为最终的战争胜利做出了重要贡献，因此战后中国名正言顺地跻身战胜国之列。在庆祝协约国胜利的诸多演讲中，《庶民的胜利》是视野最为广阔、立论最为新颖、影响最为深远的一篇。

演讲以鲜明的问题意识为开端："我们这几天庆祝战胜，实在是热闹的狠。可是战胜的，究竟是那一个？我们庆祝，究竟是为那个庆祝？"②李大钊用这样的明知故问，表达对段祺瑞政府的不满。自1917年3月9日中国对德宣战以来的一年多时间里，段祺瑞政府并未向欧洲战场派去一兵一卒，而欧战胜利后他却作为总指挥参加了11月28日的阅兵，这让李大钊怒不可遏："不但我们不出兵的将军，不要脸的政客，耀武夸功，没有一点趣味；就是联合国人论这次战争终结是联合国的武力把德国武力打倒的，发狂祝贺，也是全没意义。不但他们的庆祝夸耀，是全无意味；就是他们的政治运命，

---

① 参见朱乔森、黄真：《关于〈庶民的胜利〉的发表和〈BOLSHEVISM的胜利〉的写作》，《历史研究》，1980年第4期。

② 李大钊：《庶民的胜利》，《新青年》第五卷第五号，1918年11月15日。

也怕不久和德国的军国主义同归消亡！"① 不革命的政府、不要脸的政客与夸耀的武力，都不是战争胜利的原因。

有别于之前将第一次世界大战当成是"强权与真理之争"，将战争原因归为"贪与惰之根性未除"② 的笼统认知，李大钊此时已经深化了对第一次世界大战的原因、动力、依靠力量的认识。李大钊认为资本主义的发展与对利益的追求是战争发生的根本原因："原来这回战争的真因，乃在资本主义的发展。国家的界限以内，不能涵容他的生产力。所以资本家的政府想靠着大战把国家界限打破，拿自己的国家作中心，建一世界的大帝国，成一个经济组织，为自己国内资本家一阶级谋利益。"③ 这就超越了"强权与真理"、正义与非正义的表象，触及了资本主义国家的根本矛盾与战争的根源，是从马克思主义的政治经济学说出发得出的深刻结论。既然战争本质上是资本主义国家之间的利益之争，那么打着各种旗号的各国政府、号称正义的联合国武力都是靠不住的，真正靠得住的只是各国要求和平的劳工与庶民，战争也因此转变为"联合国的劳工社会"与各国资本家的斗争，劳工主义与资本主义的斗争。由此，李大钊得出斩钉截铁的结论："我老老实实讲一句话，这回战胜的，不是联合国的武力，是世界人类的新精神；不是那一国的军阀或资本家的政府，是全世界的庶民。我们庆祝，不是为那一国或那一国的一部分人庆祝，是为全

---

① 李大钊：《BOLSHEVISM 的胜利》，《新青年》第五卷第五号，1918 年 11 月 15 日。

② 李大钊：《战争与人口问题》，《甲寅》，1917 年 3 月 30 日。

③ 李大钊：《庶民的胜利》，《新青年》第五卷第五号，1918 年 11 月 15 日。

世界的庶民庆祝；不是为打败德国人庆祝，是为打败世界的军国主义庆祝。"①

李大钊认为欧战的胜利将导致两个结果，一个是政治的，一个是社会的。政治的结果即民主主义战胜。这一观点与彼时时行的论点相比，并无太大新意。真正具有开创性与引领意义的，是其对欧战胜利社会结果的预见。他认为欧战的胜利将在世界范围内引起"只能迎、不可拒"的"新潮流"："须知今后的世界，变成劳工的世界。"②

李大钊关于欧战的诸多个性化解读，在于彼时其知识结构、思想资源的变化。蔡元培、陶履恭的欧战演说中，虽然也提到"劳工神圣"等主张，但其立论的主要依据，仍是欧战本身，李大钊的演说尤为凸显了俄国十月革命的重要意义："一个人心的变动，是全世界人心变动的征几。一个事件的发生，是世界风云发生的先兆。一七八九年的法国革命，是十九世纪中各国革命的先声。一九一七年的俄国革命，是廿世纪中世界革命的先声。"③李大钊敏锐地察觉到了俄国十月革命的崭新特质及其对世界革命所具有的潜在影响，它虽然发生于第一次世界大战期间，但又不能为第一次世界大战所涵盖。可以说，1789 年的法国革命和 1917 年的俄国革命划分了世界革命的两个纪元，前者开启了资产阶级的革命时代，后者则是无产阶级革命的先声。李大钊的这篇演说，前半部分主要立足于欧战，后半部分极力宣扬俄国的十月革命，演说借庆祝

---

① 李大钊：《庶民的胜利》，《新青年》第五卷第五号，1918 年 11 月 15 日。

② 李大钊：《庶民的胜利》，《新青年》第五卷第五号，1918 年 11 月 15 日。

③ 李大钊：《庶民的胜利》，《新青年》第五卷第五号，1918 年 11 月 15 日。

欧战宣发俄国十月革命的重要意义，为中国人民指出新的斗争方向，无疑显示出李大钊的政治敏感与独到眼光。

《庶民的胜利》这篇演讲稿的重要意义，还在其显示了在五四前夕中国知识分子用马克思主义分析、解决中国问题的珍贵尝试，记录了马克思主义中国化的艰辛进程。实际上，要深入理解《庶民的胜利》背后的理论支撑，必须联系李大钊在杂志同期上发表的另外一篇经典文章《BOLSHEVISM的胜利》来看，后者是对前者的延伸与深化，也表明了李大钊此时的真正兴奋点。毛泽东在《论人民民主专政》中指出："十月革命一声炮响，给我们送来了马克思列宁主义。"而以李大钊为代表的中国知识分子，即是在十月革命后积极引进、传播马克思主义的代表。李大钊这一时期《庶民的胜利》《BOLSHEVISM的胜利》以及《我的马克思主义观》，代表了中国人对马克思主义认识的较高水平，也标志作者由革命民主主义者转变为马克思主义者。在《BOLSHEVISM的胜利》一文中，作者指出欧战的胜利，是庶民的胜利，本质上就是布尔什维克主义的胜利，这是源起于俄国而必将传布到整个世界的潮流："Bolshevism这个字，虽为俄人所创造；但是他的精神，可是廿世纪全世界人类人人心中共同觉悟的精神。所以Bolshevism的胜利，就是廿世纪世界人类人人心中共同觉悟的新精神的胜利！"[①]

布尔什维克运动具备空前的团结与战斗力："因为廿世纪的群众运动，是合世界人类全体为一大群众。这大群众里边

---

① 李大钊：《BOLSHEVISM的胜利》，《新青年》第五卷第五号，1918年11月15日。

的每一个人一部分人的暗示模仿，集中而成一种伟大不可抗的社会力。这种世界的社会力在人间一有动荡，世界各处都有风靡云涌、山鸣谷应的样子。"[1] 因此，这种运动将以雷霆万钧的力量扫除一切历史障碍物，最终实现人民的伟大胜利。作者预言道："由今以后，到处所见的，都是 Bolshevism 战胜的旗。到处所闻的，都是 Bolshevism 的凯歌的声。人道的警钟响了！自由的曙光现了！试看将来的环球，必是赤旗的世界！"[2] 从中国近现代史的发展来看，五四之后，马克思主义在中国迅速传播，中国共产党的诞生以及之后所进行的艰苦卓绝的努力，又将红旗插遍了中华大地。李大钊虽然在 1927 年 4 月被反动军阀杀害，但他播下的革命火种早已在中国大地生根、发芽，他所热烈赞颂的庶民、劳工已经走上了历史的舞台。革命先驱关于未来的预言与展望，已经成为现实。

李大钊的文风相当多变，有论理精深、逻辑严密的，有文采斐然、情感充沛的，有平易晓畅、充满意趣的。本篇原是演讲稿的记录，就不能不考虑到演讲的实际效果，作者在用语上往往较为口语化，注重言辞的情感冲击力。作者在文末大声疾呼："我们要想在世界上当一个庶民，应该在世界上当一个工人。诸位呀！快去作工呵！"这篇演说词以通俗语言言高深之理，言之有物，热情洋溢，为演讲词的范本。

---

[1] 李大钊：《BOLSHEVISM 的胜利》，《新青年》第五卷第五号，1918 年 11 月 15 日。

[2] 李大钊：《BOLSHEVISM 的胜利》，《新青年》第五卷第五号，1918 年 11 月 15 日。

娜拉出走：五四女性独立的神话

——《娜拉走后怎样》导读

刘进才

1923 年 12 月，鲁迅在北京女子高等师范学校演讲，提出了一个问题：娜拉走后怎样？鲁迅对其结果给出了明确的答案。但"娜拉"是谁？为什么要"出走"？娜拉出走为何成了一个社会问题？出走之后，路在何方？为什么鲁迅给出了一个近似残酷的回答？这些问题都值得仔细分析。

一、"娜拉"是谁？为什么要出走？

易卜生的戏剧《娜拉》于 1918 年 6 月在《新青年》第四卷第六号刊登，娜拉就是这部戏剧的女主人公，她是海尔茂的妻子，被丈夫称作"松鼠儿""雅雀儿""黄莺儿"，两人过着恩爱甜蜜的生活，娜拉全心全意地爱着丈夫，她以为丈夫也是如此。有一次为给丈夫治病，她背着丈夫借了一笔债，本以为是为丈夫做了牺牲，就算是丈夫知道了，也会原谅她的。但丈夫知道后大发雷霆，骂她是"骗子""罪人""不懂事的妇人"，剥夺她对孩子的抚养权。虽然最后她的借债问题很快解决了，有惊无险地渡过了经济难关，但她看到丈夫可以为了名誉对她弃之不顾，知道了丈夫并不是真的爱她。于是，重新反思自己的人生，发现"我是你的'顽意儿的妻子'，正如我在家时，是我爸爸的'顽意儿的孩子'；我的孩子们又是我的'顽意儿'"，娜拉下定决心，要摆脱这种生活。当娜拉想要出走时，丈夫海尔茂禁止她出走，劝她说，"第一要紧的，你是人家的妻子，又是人家的母亲"。娜拉的回答是，"我相信第一要紧的，我是一个人，同你是一样的人。无论如何，我总得努力做一个人"。海尔茂又用宗教信仰、道德观念和法律来劝她，都被娜拉一一否定了，娜拉对这些都表示怀疑，并说出一句石破天惊、极为叛逆的话，"我要看看究竟是我错了，还是世界错了？"剧本以"外面大门关闭的声音"结束，娜拉走后，"大门"之外，到底发生了什么，易卜生没有继续写。

《娜拉》这个剧本，包含比较丰富的内涵：首先，是夫妻关系问题，娜拉虽然是以爱的名义借债，但毕竟是"隐瞒"和"欺骗"，这是他们关系破裂的导火线；其次，娜拉是一位女性，她感觉是父亲和丈夫的"顽意儿"，为了寻求独立和自我而出走；再次，娜拉怀疑家庭伦理、宗教、道德和法律，感觉是"世界错了"，充满着怀疑与挑战精神；最后，娜拉出走，是要回到"老家"去，是逃到了父亲那里。在新文化运动的裹挟下，在追求个性解放与社会批判的思潮下，后来的"娜拉"言说，第一点逐渐消失，人们避而不谈娜拉的"欺骗"问题，最后一点也被忽视了，人们甚至不知道娜拉最后去了哪里。人们大力宣扬娜拉作为女性追求独立和自由的勇气以及娜拉对社会的怀疑和批判，胡适甚至提出了"易卜生主义"，他在《易卜生主义》中说，社会有三大势力：法律、宗教和道德，"社会最大的罪恶莫过于摧残个人的个性，不使他自由发展"。很明显，易卜生的"娜拉"在五四时代是被有选择地接受的，人们忽视了她的"欺骗"与"逃到老家"，过分强调了她的"个性解放""追求自由"与"社会批判"，将她塑造成了中国所需要的"娜拉"形象，使她成为五四的一个精神符号，召唤着一个又一个的"娜拉"。

鲁迅的这篇演讲文，也是把《娜拉》看作"社会剧"的，因为娜拉觉悟了，意识到：自己是丈夫的傀儡，孩子们又是她的傀儡。于是她出走了，是为了寻求自由而走。鲁迅的解读与新文化运动追求个性解放和精神自由是一致的。但他同时看出了，易卜生是在作诗，"不是为社会提出问题来而且代为解答"，所以，娜拉的出走并不是一走了之，她会遇到更为复杂的社会问题。娜拉出走，仅仅是"觉醒"，但梦醒了之后，该往何处去走，这恐怕是一个更为复杂的问题。要是"觉醒"了而找不到出路，那会更加痛苦，就像鲁迅所说的，"使人练敏了感觉来更深切地感到自己的痛苦，叫起灵魂来目睹他自己的腐烂的尸骸"，正像娜拉一样，"觉醒"之前，过着幸福甜蜜的生活，觉醒之后，若是无路可走，岂不是连原来的幸福生活也得不到了吗？这也是鲁迅对待"启蒙"的态度，他不相信会有一个光明的前途，有一个确定的希望，所以，他对娜拉出走之后会如何，不曾有盲目的乐观，而是要问：她除了觉醒的心以外，还带了什么去？

二、娜拉出走为何成了一个社会问题？出走之后，路在何方？

易卜生《娜拉》剧本中的"娜拉"为何出走，上文已经做出了详细分析。但"娜拉"作为一个个体人物，其出走引起如此大的社会轰动，并一次次地被称赞，这就是一个社会问题了。娜拉是一个女性，而女性在中国古代是弱势群体，受到的束缚也较多，要想实现"新文化"的愿望，必须要把女性解放出来。"娜拉"问题与新文化运动中的"人的觉醒"和"人的解放"密切相关。

新文化运动时期，《新青年》开辟专栏，讨论妇女问题，如《新青年》1917年5月第三卷第三号发表高素素的《女子问题之大解决》，认为在古代社会女人没有人格，只是附属品，并提出"女子者非男子之所有"的观点，提倡女子追求独立人格，摆脱附属地位；《新青年》1918年第五卷第二号发表华林的《社会与妇女解放问题》，提出，"社会学重要之论点，即妇女问题是也。妇女占人类半有之数，社会对于妇女之情形如何，足征文明之进化与否。故妇女解放之后，则各种不良之私团体必因之消灭，公共幸福之增加必因之发展"。把妇女解放与社会解放联系在一起，想通过妇女的解放实现社会的解放。《新青年》发表了一系列文章，对女子的婚姻问题、教育问题、贞操问题、平等问题等进行讨论，想大规模地发起妇女解放运动。在文学作品中，也塑造了出走的娜拉形象，如胡适的《终身大事》，就讲述了田亚梅不顾父母的反对，勇敢离开家庭去追求爱情的故事，她留给父母的字条是"这是孩儿的终身大事，孩儿应该自己决断。孩儿现在坐了陈先生的汽车去了。暂时告辞了"。可以看出，田亚梅就是胡适笔下的"娜拉"，但田亚梅出走之后如何？胡适也没有给出答案。

五四时期，女性解放是与社会解放纠葛在一起的，大力宣扬娜拉出走，实现女性解放，是实现社会解放的重要途径。社会鼓励女性走出家门追求解放，文学作品制造"娜拉"出走的幻象，但娜拉"出走"容易，走出家门之后，会遇到更大的困难。首要的问题是，如何生存？经济来源是什么？鲁迅的深刻就在这里，他看到了娜拉走后的困境。

在《娜拉》中，娜拉可以理直气壮地说，"明天我要回家去——回到我的老家去。我想那里总该可以找点事体做"。娜拉还是比较幸运的，她可以回家，在中国，问题要严重得多。"嫁出去的女儿泼出去的水"，在中国古代的婚姻关系中，除非被休，才被迫回娘家，否则就是"嫁鸡随鸡嫁狗随狗"；若是没有出嫁的女子，脱离了家庭，没有生活阅历，在险恶的社会也很难生存。鲁迅对于这一点认识得特别深刻，他在小说《伤逝》里已经书写了"娜拉"们的命运。子君也是出走的"娜拉"，她高喊着，"我是我自己的，你们谁也没有干涉我的权利"，最后还是回到娘家，凄惨地死去。在这部小说中，鲁迅说，"人必生活着，爱才有所附丽"，而出走的"娜拉"们怎样才能活着？鲁迅在这篇文章中，给出了答案：争取经济权利。关于女子的经济权利这个问题，在《新青年》1918年第四卷第一号也讨论过。陶履恭在《女子问题——新社会问题之一》中指出："所谓社会问题，不过经济问题之变象而已。即吾兹所论究之女子问题，与详细剖辨其原因，亦可以经济之发展总括之。"但经济发展了，女子的经济权利不会自然而然地满足，还需要"争"，需要韧性地战斗。

鲁迅认为，要争取经济权，要做到两点：第一，在家应该先获得男女平均的分配；第二，在社会应该获得男女相等的势力。这两点都不易取得。中国的女子处境非常艰难。《新青年》1917年第三卷第四号中的《女权平议》曾说，"夫谓吾国女子二千年来受儒教之毒，压抑束缚，蔽听塞明，无学问，无能力"，中国女子长期被束缚在家中，受传统的"三纲五常"教育，可谓是"已经关得麻痹了翅子，忘却了飞翔"。争夺经济权利是要割取别人的利益，势必困难重重。家庭里有"父权""夫权"，社会上又有各种错综复杂的势力。中国的"娜拉"们面临的阻力很大，有传统的文化积习，也有现实的利益较量，要想获得成功，必须先强大自我，然后去韧性地战斗。

中国古代社会有"君子忧道不忧贫"的传统，鲁迅越过了所谓的"仁义道德"，特意将经济权提到最重要的位置，反映出鲁迅对现实的清醒的认识。

三、为什么鲁迅给出了如此残酷的答案?

鲁迅说，娜拉走后，只有两条路，不是堕落，就是回来。这源于鲁迅对中国社会和中国人的国民性有深刻的认识。

首先，中国社会太难改变。就像鲁迅所说，"即使搬动一张桌子，改装一个火炉，几乎也要血；而且即使有了血，也未必一定能搬动，能改装"。古代有"天不变，道亦不变"的说法。在胡适的《终身大事》里，田先生反对女儿的婚事的原因就是，"因为中国的风俗不准同姓人结婚"，"这是祠堂里的规矩"，两千多年的传统，诸多"规矩"和"风俗"，积重难返，成为变革的重要阻力。鲁迅把中国社会比作"大染缸"，"可怜外国事物，一到中国，便如落在黑色染缸了似的，无不失了颜色"，对于外来事物没有分辨，没有主动"拿来"的精神，总是抱着"古已有之"的态度，要想改变自然就异常困难。再加上社会上各种既得利益者拒绝分出利益，使得改革寸步难行，所以"娜拉"们的处境就更加困难。如果经济制度改革了，"娜拉"们的独立与解放，就容易得多。

其次，国民性太难改变。其实，在中国，"娜拉"可以不用出走，完全可以采用和平的手段，只需要"利用了亲权来解放自己的子女"，但无奈记性不佳，"被虐待的儿媳做了婆婆，仍然虐待儿媳；嫌恶学生的官吏，每是先前痛骂官吏的学生；现在压迫子女的，有时也就是十年前的家庭革命者"。这就是鲁迅抨击的"忘却",阿Q精神胜利法中也有这一特点。在这篇文章中,鲁迅建议同学们买一个笔记本记下现在的想法,以供将来参考。其实,鲁迅在1919年11月《新青年》第六卷第六号上发表的《我们现在怎样做父亲》这篇文章中,已经谈到如何通过亲权,解放自己的子女这一问题了。他认为,中国觉醒的人,要想解放自己的子女,就要一面清结旧账,一面开辟新路,"自己背着因袭的重担,肩住了黑暗的闸门,放他们到宽阔光明的地方去;此后幸福的度日,合理的做人"。这只是理想的状态,实施起来要困难得多。鲁迅劝说"娜拉"们不要做无谓的牺牲,因为中国人"永远是戏剧的看客",牺牲于社会无济于事,于群众只是让他们看了一场戏而已,丝毫改变不了偌大的中国,而且国民很冷漠,"娜拉"们不要想着生活在人们的同情之下。

假若"娜拉"出走之后,获得了经济权,"娜拉"就不是傀儡了吗?鲁迅说她依旧是傀儡,"因为在现在的社会里,不但女人常作男人的傀儡,就是男人和男人,女人和女人,也相互地作傀儡,男人也常作女人的傀儡,这绝不是几个女人取得经济权所能救的"。这是一种绝望式的回答,当社会上鼓动"娜拉"出走,以为"出走"之后就是通往自由与解放之路时,鲁迅的这一看法有振聋发聩的作用,虽然摆脱不了"傀儡"的命运,但依然要出走,依然要争取自由的权利,这体现了鲁迅的"反抗绝望"的精神。

五四之后,文学作品中也有很多"娜拉"现象,如自称是"五四之子"的巴金,他的《激流三部曲》中的《春》,就塑造了一个"娜拉"形象——淑英。淑英为了逃婚,在新思想的感召下，在琴的鼓舞下，在觉慧、觉民等人的帮助下，成功地逃离了家庭，逃往了自由之地——上海。但在另一部小说《寒夜》中，曾树生可以看作是出走之后的"娜拉"，她与汪文宣是自由恋爱，但婚姻生活依然不幸。淑英是五四宣扬的娜拉出走之后的理想状态，曾树生可以反映出进入婚姻中的"娜拉"的生活状态。如果再结合鲁迅的《伤逝》，中国的"娜拉"们的前途和命运更是清晰可见。易卜生的"娜拉"，是想逃脱不自由的婚姻，追求自我与个性，对社会是质疑与挑战的姿态。中国的"娜拉"，其出走一般是为了逃脱不自由的婚姻，为了寻求自由恋爱，想要逃离父权，以为摆脱了家庭的束缚就能找到自由，对社会充满了幻想。但当她们发现社会比家庭更险恶，自由恋爱并不能保证婚姻幸福时，她们却回不去了，陷入无处可逃的境地。从这个方面来说，易卜生的"娜拉"更幸福，逃离了婚姻，可以回到父亲那里去，中国的"娜拉"该逃向何处呢？中国的"娜拉"的现实处境或许比鲁迅的近乎残酷的回答还要残酷：要么回来至死，要么堕落至死，要么无处可回。这也许就是"娜拉"们作为先觉者的生存困境，鲁迅似乎也有暗示，要不怎么会说"人生最痛苦的是梦醒了无路可以走"呢？

　　在《娜拉走后怎样》一文中，鲁迅通过对"娜拉"问题的思考，体现了他看待现实的清醒态度，他不认为娜拉"觉醒"了，就可以一走了之了，就可以奔向自由光明之路了，他提出了更为严峻的问题：路在何方？他给我们提供的路径是：要争取经济权。但即使有了经济权之后，也摆脱不了"傀儡"的命运，因为人生活在社会之中，还受到文化与人性的制约；

此外，还受到自我的制约，如娜拉不想当丈夫的傀儡，但她的孩子也是她的傀儡。要想改变，不是一日之功，需要"深沉的韧性的战斗"。

今天，经过五四的洗礼和数代人的斗争，女性解放取得了重大成果，基本上实现了男女平等，女性不必通过"出走"的方式来逃离家庭了，"经济权"也成了法律赋予公民的权利了，重提"娜拉"问题，似乎有点过时，但我们要记得，娜拉追求自由的精神和反思自我的能力，仍具有价值；鲁迅分析问题的清醒态度以及他对国民性的批判，仍值得深思。

《狂人日记》导读

刘进才

　　《狂人日记》是鲁迅的第一篇白话小说，也是中国现代文学史上白话短篇小说的开山之作。这篇小说刊发在《新青年》第四卷第五号上，小说刚一发表，傅斯年就针对这篇小说发言，向世人倡议要"我们跟着疯子走"。的确，从题目可知，这是一篇关于狂人的小说，采用仿佛是纪实的日记辑录而成。从读者的阅读期待观之，人们对私密的日记总抱有访幽探秘的阅读心理，何况是一个狂人的日记？因而，分析狂人、解读狂人也是阅读理解这篇小说的关键。

　　我们首先通过阅读这十三则日记开始，慢慢接近狂人的世界，走进狂人的内心。从小说中的文言小序可知，狂人原本是小说的叙事者"我"上中学时的同学，"我"因为偶然回到故乡，要去拜访这位昔日的好友，探访不见，听人说狂人已经病愈赴某地候补去了，其弟弟把哥哥得病发狂时的日记拿出展示给"我"，虽是杂乱无序的荒唐之言，"我"也"一字不易"，原样辑录，"以供医家研究"之用。

　　打开文本，看看这位狂人的日记中都记录了什么，通过狂人的视角，展示给我们一个什么样的世界。第一则日记，就向读者隐隐透露出一个迫害狂患者的心理症候："那赵家的狗，何以看我两眼呢？我怕得有理。"狂人的内心究竟惧怕什么呢？在以下的日记中逐步展现狂人的惧怕心理，赵贵翁似乎想害"我"的怪眼色，一群人交头接耳张着嘴的议论，街上女人打儿子时嘴里发出的"我要咬你几口"的骂声，狼子村佃户给"我"大哥讲到的人们吃油煎心肝的事情……这些细节都指向了狂人担心自己被人"吃"的恐惧幽暗心理。那么，狂人为何那么担心自己被吃？或许也可以这样追问：狂人对这个世界做了什么才让人们都想要吃他呢？按照狂人的说法，狂人和周围的这些人一向无冤无仇，只不过是多年以前踹了一脚"古久先生的陈年流水簿子"，于是内心变得敏感多疑起来，总觉得有人要吃他害他。狂人以至认为连路上的小孩仿佛也铁青着脸想害他，大哥请了何医生来诊病，狂人却以为是"刽子手装扮的"；让他静养几天，狂人却以为是养肥了再吃。狂人与周围世界的关系非常对立而紧张，从路人、医生到自己的大哥似乎都要谋害他，这种被吃的隐忧一直笼罩在狂人的心头。从狂人日记的点滴叙述可以明显感受到一个迫害狂患者的敏感心理。但如果真的把狂人形象视为一个完全的精神病人，显然不妥，因为狂人在日记中自有他对历史的惊人发现。他从李时珍的《本草纲目》上得知人肉可以煎吃，从哥哥的讲书中听到过"易子而食"的古训。最让人惊心动魄的发现是："我翻开历史一查，这历史没有年代，歪歪斜斜的每页上都写着'仁义道德'几个字。我横竖睡不着，仔细看了半夜，才从字缝里看出字来，满本都写着两个字是'吃人'！"中国几千年的历史竟被狂人宣布为"吃人"的历史，这需要多大的勇气与胆识，这种振聋发聩的声音显然不是一般的神经病患者所能喊出的，这是对历史的精深研究与理性判断的基础上的呐喊，浸透着启蒙知识分子带着血与泪的绝叫，难怪傅斯年读了《狂人日记》后，要跟着疯子一道前行。狂人从历史书写的文字表述"仁义道德"中读出的是"吃人"，这一历史的发现是狂人怀疑与重估历史的结果，狂人坚守"凡事须得研究才会明白"，质疑着庸众的惯常思维"从来如此，就对么？"这激越的质问之声仿佛是尼采笔下重估一切价值的超人，分明回荡着五四一代启蒙知识分子的理性批判的声音。

因而，我们考察狂人的形象应该从双重的维度与视角加以评判。狂人表面看来是一个具有病理特征的迫害狂精神病患者，看到一切都非常敏感，总觉得所有人都想谋害他，连自己的亲哥哥也与人密谋要吃掉他，路人、孩子、医生等都成为吃人的帮凶，即便是赵家的狗也以为是不怀好意地看他两眼。这些日常细节充分透露出一个精神病患者的病态心理。但是，万不可完全听信小序中说到的狂人只是一个迫害狂患者，他的日记也是不合逻辑的"荒唐之言"，"撮录一篇"只是"以供医家研究"之用。事实上，当作家声称自己的作品是荒唐之言的时候，或许正是借助这表层的荒唐书写了社会与人生的真相，曹雪芹自谓"满纸荒唐言"的《红楼梦》就真实再现了人间百态与历史命运，是一部具有全息容量的百科全书式的经典小说。狂人的不合逻辑之说也不可完全当真，比如日记中说"易牙蒸了他儿子，给桀纣吃"，易牙是春秋时期齐国人，与桀纣并非一个时代的人，这也可说是"狂人""语颇错杂无伦次"的表现。但这些历史细节叙述的杂乱与谬误并不妨碍狂人对中国几千年历史真相的惊人洞见——"吃人"。如果联系到新文化运动当时正如火如荼地展开,批判旧道德、提倡新道德,批判旧文化、提倡新文化,成为当时进步思想界的主导声音,那么,对吃人真相的发现就绝非一个精神病患者所能够做到的了。

在倡导新文化的刊物《新青年》上,一些文章的批判锋芒直指传统礼教与传统文化,批判孔子的文章也赫然在列,尤其是吴虞的文章《吃人与礼教》与小说《狂人日记》构成了富有意味的互文与对话,若联系到近代以降,戴震所谓的儒"以理杀人"的慷慨之言,我们更能体会到狂人的激越之言实乃是一个趋新知识分子的启蒙呐喊,狂人是一个对历史充满怀疑精神的新文化斗士的形象。他凭借着自己的独特思考发现了中国社会普遍吃人的历史事实,他为了使自己免于被吃与吃人的命运开启了一个人的绝望的战斗。他敢于踹"古久先生的陈年流水簿子",敢于质疑"从来如此"的历史,敢于诅咒吃人的人,并身体力行敢于劝转这些吃人的人,充分显示出狂人大无畏的反抗斗争精神。不仅如此,狂人还具有强烈而自觉的反省意识,他批判这个吃人的社会与吃人的人,同时他也意识到自身与吃人也脱不了干系,清醒地知道"我未必无意之中,不吃了我妹子的几片肉,现在也轮到我自己……有了四千年吃人履历的我,当初虽然不知道,现在明白,难见真的人!"狂人由批判社会历史与吃人的庸众反观自身的无意吃人,这种思想行为呈现出一个从旧的文化营垒中逃脱出来的思想界文化战士"罪"的自觉,从对他人的批判到对自我的审视，体现了批判知识分子的宝贵品格。狂人的文化思想行为不是那种旁观式的指手画脚，把自己高蹈于社会之上做隔岸观火般的清议，而是对自己做严厉的思想解剖，把自己也自觉划入了罪的行列——吃人中的一员，这种清醒而严苛的社会批判与自省意识，使狂人形象摆脱了旧式知识者对社会体制的依附心理，所谓"皮之不存，毛将焉附"正是旧式知识者不能独立的无奈写照。狂人的自我批判意识也有别于旧式文化人"一日三省吾身"的洁身自好，狂人对历史的完全批判与否定以及呼唤"真的人"的呐喊，都表现出一个具有现代批判精神的知识分子勇于担当、永不妥协的战斗品格。

狂人是一个现代启蒙知识者的形象，孤独无助，仿佛身处于一个无人施予援手的荒原，而面对的却是无数要吃掉他的庸众，庸众们联合一起，结成一伙无主名、无意识的杀人集团，他们连成一气，互相点头、密谋要合伙吃人，这是一个什么样的世界呀，每个人都想着吃人，而似乎每一个人都担心被别人吃掉，形成一个人人自危且又各自疑惧的矛盾局面，类似西哲所谓的"他人即是地狱"的恐怖与荒诞。在这种充满恐怖与荒诞的世界中，每个人都身在其间，毫无反省地参与了"吃人"的游戏，每个人都难逃"吃人"或"被吃"的命运，在这种毫无人性、非此即彼的对立世界当中，许多人都认可接受了这个"从来如此"的世界，并自觉巩固与维护这一世界的合理性。狂人却是一个黑暗世界中的觉醒者，在铁屋子般的世界中发出了"没有吃过人的孩子，或者还有？救救孩子"的呐喊，这孤独的抗争有些悲壮，这一个人的呐喊有点微弱，但却是黑暗世界的一线光明。鲁迅借助狂人之口宣布了中国传统文化的吃人罪行，通过狂人的呐喊试图唤醒沉睡的庸众。

倘若把《狂人日记》的日记正文与前面的小序对照阅读，小说的思想主题或许会呈现另一种面向。小序中通过狂人弟弟之口道出其哥哥曾经发狂，而今已经痊愈且赴某地候补去了，这就意味着狂人已经被治愈了。他已经进入了常人的世界当中，并且逐步走入了社会的上层，进入了社会的管理层面，成为社会体制中的一员。狂人"发狂"或曰病患中的思想意识是激进而清醒的，他能够诊断出这个社会吃人的弊病，他表面上是一个迫害狂患者，而实质上则是一个精准诊断社会病态的医生，是病人兼医生的双重角色。他的"狂"是在一般庸众眼中的"狂"，其实质则是清醒与批判。正因为他的"狂"，他才能发出"社会吃人"的启蒙呐喊。试想想，假如不是凭借他的狂，他能够喊出这种激越的抗争之音吗？事实上，许多启蒙知识者往往被这个世界的庸众视为"疯狂"。一旦某个人被世人宣布为疯子，那么，疯子的命名给人们找到了可以随意处置疯子的借口与权利，可以将之关进疯人院，也可以将之驱逐到异地，人们将不再相信一个疯子的话语，狂人或疯子的命名其实是在剥夺这个人的话语权利，而鲁迅却让疯子的日记流传，让一个疯子或曰狂人发声。鲁迅对狂人的命名不是剥夺他的话语权利，而是授予其批判的特权，在新旧文化交替的保守时代，借助狂人的叙述更能自由地举起批判传统文化的大旗，鲁迅的叙事策略无疑是充满智慧的。但是，狂人被治愈了，这是狂人的幸，还是不幸？狂人的被治愈，也可以说狂人被周围庸众同化了，他变成了平庸大众中浑浑噩噩的一员。社会的保守势力与黑暗力量如此强大，超稳定的社会结构如此固化，强大到能够让一个敢于批判社会、剖析自我的启蒙知识者放弃其原有的进步思想，重新回归到这个黑暗的社会秩序中，并自觉地进入这个社会的制度建构中，对于狂人而言，这是莫大的悲剧。一个要改造社会、唤回人心的狂人，非但没能拯救社会与人心，反而被社会同化与改造，令人扼腕叹息，这莫非是启蒙者与先驱者的命运悲剧？

鲁迅第一篇小说就塑造了一个思想疯癫者如何被乌合之众拖入原有旧秩序之中的文化悲剧，这仿佛是一则启蒙者命运的预言，狂人的被治愈其实就是返回到庸众之中，与庸众为伍，自身也变为庸众的一员。如果把这篇小说纳入鲁迅此后的小说写作与思想脉络中，就能更为清晰地看到这一点。此后，鲁迅反映知识分子题材的小说如《在酒楼上》《孤独者》等都描写了激进知识分子走向没落的悲剧命运。吕纬甫曾经可以果敢地拔下礼教偶像的胡须，后来却变得敷衍琐碎，失去了曾经的进步思想，沉湎于日常生活中，消耗无意义的生命。曾经满怀救世之心、具有独立思想的魏连殳在庸众的夹击下，最终放弃了自己的理想与抱负，向庸众投降，孤独地死去。从这一层面而言，鲁迅的《狂人日记》是中国现代白话小说的开山之作，也是鲁迅启蒙系列小说的开篇之作，它预示了启蒙者的命运，成为此后书写启蒙者命运的寓言之作。可见，鲁迅的《狂人日记》一方面借助狂人之口批判了中国传统文化的残酷与吃人，让狂人病愈后赴某地候补预示了启蒙者的悲哀，也隐喻地宣告了启蒙者的思想有限性。文化启蒙者并不是"振臂一呼应者云集"的英雄，由于社会黑暗势力的惯性与惰性，加上启蒙者自身的思想局限性，原本好意的启蒙可能会走向自身的反面，甚至会同黑暗一同走向灭亡。这是启蒙先驱狂人的命运，也是鲁迅的思想洞见。

最有意味的是鲁迅选取狂人叙述而不是正常人叙述，狂人视角叙述带来了诸多便捷与自由，也带来了鲁迅建构小说的自由，读者不会因为狂人的胡言乱语而质疑小说的失真，即便是时代错乱的叙述，读者也会加以原谅。在旧的文化观念还占据统治地位的语境中，让一个狂人宣告中国社会历史的"吃人"真相，可谓触目惊心。这一叙述策略让文化守旧者及反对势力无言以对，是啊，谁愿意理会一个狂人之言呢？鲁迅借助狂人视角获得了写作的极大自由。

小序中的文言与正文中的白话也构成了鲜明的对照，狂人的日记语言是白话语言，也就是说，狂人是借助白话语言对中国历史传统进行猛烈批判的，莫非预示了白话语言是批判传统文化的最好工具？如果联系到《新青年》是积极倡导白话文学与白话语言的刊物，新文化运动的健将们就是通过倡导白话、否定传统文化的语言载体——文言来建构他们文化想象、从事思想启蒙的，从《狂人日记》的白话语言层面也可看出狂人与新文化运动启蒙者的同构性。

文化因袭与代际承担：鲁迅教我们如何做父亲

——《我们现在怎样做父亲》导读

刘进才

作为伟大的文学家与思想家，鲁迅的确是因《狂人日记》《孔乙己》《阿 Q 正传》等小说确立了自己无人可及的文学地位，但是作为一个"精神界战士"，用思想之力推动社会变革才是这个小说家真正的心意所向。鲁迅曾在《我怎么做起小说来》里说自己走上小说创作的道路是"仍抱着十多年前的'启蒙主义'，以为必须是'为人生'，而且要改良这人生"，十分明确地表达了自己的文学观，即启蒙。小说虽然带给了鲁迅引人注目的光环，且同时传播了他的思想主张，但在准确高效地传达思想这一方面，显然杂文起到了更大的作用，这也是作家自始至终不遗余力于杂文创作之原因所在。我们读鲁迅的小说，总感其思想之深邃，即便放至今日依然魅力不减，如果再读一读其杂文，便可知这里才是思想的海洋，是其艺术创作的发源地。《我们现在怎样做父亲》就是这其中一源，鲁迅在本文中就如何改革家庭伦理关系尤其是如何处理父子关系，进行了深刻的分析和精辟的论述，旗帜鲜明地指出处于新旧时代交替的"我们"应该怎样做好一个父亲，即"自己背着因袭的重担，肩住了黑暗的闸门，放他们到宽阔光明的地方去；此后幸福的度日，合理的做人"。观点如果太含蓄，就容易被误解甚至曲解，这篇杂文不仅观点突出，甚至前后重复强调了两遍，即便在鲁迅庞大的杂文世界里，这种情况也是不多见的，足见作家对于这个观点的珍视，也足见他对于家庭改革的重视。

《我们现在怎样做父亲》根据鲁迅自己的落款，应创作完成于1919年10月，并以"唐俟"为笔名发表于1919年11月《新青年》第六卷第六号上，后收于杂文集《坟》。当时正值五四运动蓬勃开展，鲁迅、陈独秀等《新青年》同人与林纾等守旧派文人展开了针锋相对的论战，其中很重要的一个论题就是关于家庭伦理关系。林纾曾著《荆生》《妖梦》等小说及《致蔡鹤卿太史书》等文，攻击新派人物"覆孔孟，铲伦常"，极力维护封建伦理道德。鲁迅在《新青年》"随感录"已有多篇予以反击，其中一些重要观点也都被纳入《我们现在怎样做父亲》一文中，可以说，此文不仅是针对旧文人的论战总结，也是针对新青年的警策良言。论战的目的在于破旧立新，鲁迅以此文为"现在"的"我们"如何立新交了一份厚重的答卷。对于家庭伦理改革的思考，自鲁迅发表第一篇白话小说《狂人日记》便初露端倪，"狂人"作为一个"觉醒"的青年，最终走投无路，发出"救救孩子"的呼声。本文可以说是顺着这篇小说的思路，进一步说明对于"救救孩子"这个问题，"父亲"应该做些什么。这是本文思考的起点，却是鲁迅核心思想的延伸点。鲁迅自弃医从文始，便以"立人"作为启蒙的落脚点，在《文化偏至论》中，他曾提到"首在立人，人立而后凡事举"，并认为"立人"就须"反省于内面者深"。然而早期创办《新生》刊物和出版《域外小说集》的失败经历让鲁迅认识到"人"并不那么容易从半途"立"起来，对于家庭教育的改革便进入其视野，而家庭教育能否成功，最大的困难便是传统家庭伦理道德的阻碍。其时封建政权的瓦解尤其是袁世凯称帝的迅速覆灭宣告传统君臣伦理道德的彻底破产，而传统家庭伦理道德就成为新文化运动的矛头所向，这与鲁迅的思考是不谋而合的。于是，"研究怎样改革家庭"的本文应时而生。

改革家庭，重心在父子关系。鲁迅开宗明义，将父权问题作为主要矛盾，并依此确立了文章的题目和内容，观点鲜明，逻辑清晰。整体来看，本文基本可以分为两个部分：一是"为什么"要谈"我们现在做父亲"，二是"怎样做"。对于第一部分，鲁迅从两个方面进行了分析，即"父亲"和"现在"。为什么要和"我辈"谈"做父亲"呢？按林纾等"圣人之徒"的逻辑，父对于子拥有天然的绝对的权力，那么儿子说什么都不对了。然而，鲁迅巧妙地避开父子权力争夺的问题，直接借发展变化的视角将"子"预先置于"父"的位置上，讨论一个合格的"父亲"应该是什么样子的，看似只是对于青年一辈的指导，其实也间接地否定了传统父权。那么，为什么突出"现在"呢？鲁迅就是通过"现在的子，便是将来的父"来拆穿父权的虚伪，同时也从历史发展的角度来警策未来的父亲如何做好"现在"的事，即"自己背着因袭的重担，肩住了黑暗的闸门，放他们到宽阔光明的地方去；此后幸福的度日，合理的做人"。首先说明这并不是一件轻松的差事，正因其艰难困苦而容易让意气风发的青年退回因循守旧的老路，所以鲁迅特意强调"现在"二字，他相信将来的后代成为父亲之后应该不必再肩住一扇"黑暗的闸门"，但前提便是我们要肩负起"现在"这番重任。其次"现在"二字也意在表明怎样做好"父亲"的角色并不是在生理上成为父亲之后才需要去思考的问题，而是在此之前便要充分考虑清楚的事情，这一点是至关重要的。

如果第一部分只是引子和铺垫，那么第二部分就是文章的主旨所在。主旨是什么呢？就是"自己背着因袭的重担，肩住了黑暗的闸门，放他们到宽阔光明的地方去；此后幸福的度日，合理的做人"这句在第一部分便点明的观点，而这一部分可以说就是对这个观点的解读。鲁迅大致是分三个层次对青年怎样做好父亲进行论述的，首先是"觉醒"。在谈怎样做父亲之前，鲁迅先抛出生物进化论的观点，将生物界的三个现象"保存生命""延续生命"和"发展生命"作为生物之所以称之为生物的底线，并以此为依据证明父亲接下来应该"这样做"的合法性。之后，作家便用科学的思想拆穿了父权的合法性依据——"恩"。传统思想认为，因为是父母生出了子女，那么父母就有创造之恩。鲁迅则将食欲和性欲科学地解释为"保存自己"和"保存后裔"，出发点都是为自己生命的延续。而在延续之上的发展也是对自己生命的进化需要，归根到底，也是为了"自己"，只不过这个"自己"并不是固定的某一个人，而是作为个体家族链条上的每一个"自己人"而已。因此，父母生育孩子也是为了另一个自己，那么"恩"也就无从谈起，而依此建立起来的父权权威也就站不住脚了。虽然否定了"恩"，鲁迅却没有把父子之间的关系限于单调的生物学联系，而更之以"爱"，不仅将二者关系的置重加以调换，更将以"压制"和"强迫"为主的紧张关系转换为"奉献"和"自愿"的和谐关系。相对于"恩"与"孝"所造成的形式化、极端化倾向，"爱"更能体现情感的天然和人性的积极面，同时其自发性和自愿性也和五四的自由思想不谋而合，因此"爱"就成为鲁迅判定合理的父子关系的立足点。在这一点上，本文与周作人以"仲密"为笔名于同年2月发表于《每周评论》第十期的《祖先崇拜》形成了呼应。周作人针对"世俗一般称孝顺的儿子是还债的"的论调，认为"儿子无一不是讨债的，父母倒是还债"，并提出"债务清了，本来已是'两讫'"，但父子之间还有着"天性之爱"，所以孩子的"努力做人"也就相当于"报恩"了。可以说是用一种较为缓和的方式重置父子关系，但实际上也是用"爱"的教育替换"恩"的训诫。从"恩"到"爱"的认识更迭，体现的是父亲的"觉醒"，鲁迅认为这是怎样做好父亲的第一步，换句话说，就是达到"狂人"的认识状态。其次是"牺牲"。"狂人"发现了生活的真实面，却没有牺牲的勇气，最终"赴某地候补"，"救救孩子"的呼声也就成为空谈。鲁迅在本文中，接着这个思路，对如何真正"救救孩子"向即将成为父亲的"觉醒"青年提出了明确的要求，即"将这天性的爱，更加扩张，更加醇化；永无我的爱，自己牺牲于后起新人"，重点就在于"牺牲"。为什么这么说呢？因为人首先是利己的动物，前文也用生物学观点说明对于后代的

"爱"从根源上讲也是一种泛化意义上的"利己"行为。但是利己不等于自私，造成封建自私父母泛滥的"旧见解"因不愿意"牺牲"作为"长者"和"父亲"的所谓权力，最终不仅不能"利己"，反而将中华民族这个"大我"推向危险的深渊，鲁迅也在这里举例，对因为自私的"爱己"导致子孙灭亡的行为进行揭露和批判。对于如何正确"爱"子女，鲁迅则从"理解""指导"和"解放"三个方面提出策略，即"健全的产生，尽力的教育，完全的解放"。这三点完全是以孩子为重心，必然会有父母的付出和牺牲，但为了子女的进步、民族的复兴、自己生命的外在延续进化，这种"牺牲"精神是十分值得的，也是必须具备的。鲁迅在前文的铺垫和分析正是为了争取已经"觉醒"的青年去做真正有现实价值和长远意义的"牺牲"。一篇论说文，写到这里基本已将需要说明的道理讲清楚了，为什么这样做、应该怎样做都已交代完毕，似乎没有继续说教的必要了。但是，鲁迅不仅没有搁笔，反而用了三分之一的篇幅继续"罗唆"，总结起来，是针对可能存在的"四怕两问"进行分析和解答。因此，最后一层可以说是"坚定"，就是为青年的"觉醒"和"牺牲"予以鼓励和"壮胆"，增强他们彻底革命的信心和决心。思想上的革命远远比制度上的革命艰巨得多，不知不觉中，"觉醒"的"狂人"就有可能重走老路。鲁迅将中国社会转型期家庭伦理改革尤其是父子关系改革可能面临的重重困难展示出来并逐个解疑释惑，可以说煞费苦心。"四怕"包括害怕"父母空虚""父子疏隔""长者吃苦"和"子女吃苦"；"两问"其一是对中国家庭实际"久已崩溃"为何"依然如故"的发问，其二则是对传统社会为"继续生命"而采取的多妻制度是否合理的发问。鲁迅以科学和民主精神为宗，旁征博引，在说理的同时，杂古今中外的各种事例来一一分析解答。如引用路粹和曹操攻击孔融的例子批判传统孝道的虚伪和无效，以及用斯宾塞和瓦特的无子无女却也能"寿终正寝"的事例证明"长者之苦"并非源于子女之"解放"。最后，鲁迅进一步强调合格的"父亲"应该是"义务的、利他的、牺牲的"，是"一件极伟大的要紧的事，也是一件极困苦艰难的事"，并把其中心观点"自己背着因袭的重担，肩住了黑暗的闸门，放他们到宽阔光明的地方去；此后幸福的度日，合理的做人"重复了一遍，不仅晓之以理，并且动之以情，可以说是一场深思熟虑的动员。

至于最后一段耐人寻味的论述，往往容易被人们忽视，以为鲁迅有妥协之迹象，因为他也说自己"愿意平和"，且对于某些问题"现在不能解答"。其实，这是鲁迅更坚定的宣言，是对以理服人的本文主旨的含蓄补充。文章开篇即说是在讨论"我们现在怎样做父亲"，而这里的"长者"指的是"祖爷"一辈，显然不是父子关系的范畴。如果说父亲对于子女尚且有爱和所谓的"恩"可以勾连的话，祖父甚至曾祖父就实在没有一点资格对子女的子女进行跨代压迫了。然而这里所指的"祖爷"一辈不仅自己做"父亲"不称职，还要阻碍子女做合格的"父亲"，同时由于早婚早育而造成当时普遍的"四世同堂"甚至"五世同堂"，"祖爷"一辈对改革父子关系确也起到了不小的阻力。对于这个问题，鲁迅的回答是"我是愿意平和的人"，这恰恰是正话反说，本义在说明用讲道理的文字手段跟这种积重难返的老年人是断然讲不通的，如果有必要只能采取极端的手段，而作者是"平和"的知识分子，总要讲求一点穿长衫者的风度和气量，于是，"不能解答"也就只能是"现在"先"不予理睬"罢了，或许等待这个问题"过去"是最"平和"的策略了。这段文字不仅从正面表现了鲁迅将以攻击力著称的杂文依然克制在"讲理"的范围内，与林纾等人的谩骂式的文章高下立现；同时也进一步突出了改革父权、解放子女在"现在"的迫切性和紧要性。鲁迅在前文就提到"中国的老年，中了旧习惯旧思想的毒太深了，决定悟不过来"，因此，"便只能先从觉醒的人开手，各自解放了自己的孩子"。与同时期的陈独秀等人将宣传对象定位于青年不同，鲁迅虽也面向的是青年一辈，"说教"的对象也是"新青年"，但《我们现在怎样做父亲》是将青年以"父亲"的身份说明他们应该承担的家庭责任和教育义务，不同于《敬告青年》将青年只看作"年轻人"去激发他们的血气方刚和朝气蓬勃，一旦青春的荷尔蒙在残酷的现实革命中碰了壁，希望在自己做"青年"的时代就尝到胜利果实的青年一辈很难说会不会如鲁迅笔下的"狂人"一样只做昙花一现式的"觉醒"。鲁迅不仅看到了改革的关键在哪里，也充分意识到了改革的艰巨性和反复性，因此他把"现在"的青年的当务之急定位于做好"父亲"的角色，是解放"觉醒"的青年的下一代，而不是解放他们自己，体现出了超前的预见性。这当然可以说是因为鲁迅确比其他的五四先驱较年长成熟，但更是因为鲁迅在五四之前的日本就已经历了作为"新青年"的打击，所以这篇长文虽以同辈的热情和口吻指导青年一辈，却因其思想深刻和论证精熟而远远超出同时期其他文章，对当时的家庭伦理改革确实起到了十分重要的历史作用。

　　现在的学界经常会提到一个问题——"鲁迅是谁?"关于鲁迅的各类研究可谓汗牛充栋,但是我们的研究著作愈丰,我们似乎愈不认识鲁迅了,好像"伟大的文学家、思想家、革命家"甚至"民族魂"都已经不能全部概括鲁迅复杂庞大的形象了。关于一个人的记载和传说可能会随着历史的推演发生变化,但一个人留下来的文字(如未遭更改)却是固定可靠的,我们阅读和研究其作品,不仅要回到当时的历史语境中去理解作家的伟大和深刻,也要跳出历史语境思考他的认识局限及其在当下的价值。鲁迅当然不是神,不能预料所有的未知,即便是他的深刻和伟大也不能不说要部分"归功于"他"无法直面的人生"。所以,《我们现在怎样做父亲》列举了做一个合格"父亲"所要面对的重重困难和条条歧途,可谓"考虑周全"了,但他也忽视了"虚伪"这个亘古不变的敌人不只会以"恩"和"孝"的面目示人,同样会以"爱"的名义潜伏于父与子之中,经济快速发展伴随而来的人文精神的丧失所造成的家庭亲情剥离,对于父子关系良性改革的威胁不见得小到哪里,甚至有可能"旧"的未去,"新"的已来,形成"新旧"两面的双重压迫。例如,现在有的家长一方面认为中国的子女就应该遵守中华传统"美德"中的"孝道",另一方面又把西方的"事实"搬出来声称子女只需养至 18 岁,不仅没有丢掉"旧习惯",还"拿来"对自己有利的"西式思想"为尽早"剥削"子女寻找冠冕堂皇的借口。这些现象较之于鲁迅笔下的某些"常见"现象更具隐蔽性和迷惑性,究竟是出于"虚伪"还是出于"好意"或许连当事人也分辨不出了,这些问题也从侧面说明家庭伦理道德的改革依然任重道远。重读《我们现在怎样做父亲》，或许未必能找到解决当前问题的直接方法，但方法总是蕴含于思想之中，鲁迅所指出的"觉醒—牺牲—坚定"的思想策略放在今天依然适用。而且，鲁迅对于今天的我们的更重要的意义在于精神的支持和力量的给予，就像他自己所说所做的那样——"自己背着因袭的重担，肩住了黑暗的闸门，放他们到宽阔光明的地方去；此后幸福的度日，合理的做人"。鲁迅于1881年9月出生，1908年27岁之时便以一个"新青年"的姿态写出了《人间之历史》《科学史教篇》《文化偏至论》《摩罗诗力说》《破恶声论》等致力于思想启蒙的文章，1918年发表第一篇白话小说《狂人日记》时他已37岁，次年发表这篇《我们现在怎样做父亲》，可以说这时的鲁迅在当时的社会环境中已是一个成熟的中年人，经历过家庭和事业的打击，对爱情和后代不说"无欲"确也"无求"，唯独对启蒙青年人一直抱着强烈的热情。在那段时间，许广平还未出现，但五四的时代却已到来，鲁迅身先士卒地承担起一个"父亲"的责任，即便他没有自己的子女，即便没有人强求他施以"父爱"（他虽接受钱玄同的请求却并非认同其说法），他仍选择身背"因袭的重担"，肩扛"黑暗的闸门"，一面解放青年，一面为青年示范如何做一个合格的"父亲"，这不是一个"觉醒者"最无私、最坚定的"牺牲"吗？1929年9月，海婴出生，48岁的鲁迅始为人父，即便放在平均寿命大大延长的今天，这也是并不常见的。而1936年10月，鲁迅在55岁便溘然长逝，这个17年前就写下《我们现在怎样做父亲》的人，只做了7年真正意义上的父亲。他或许是周海婴不称职的父亲，却是每一个蒙五四精神解放之恩的人的最合格的"父亲"。我不知道哪一个荣誉称号能够回答"鲁迅是谁",但我想只要用心读过《我们现在怎样做父亲》一文,我们或许都能从心底看到那个身背"重担"、肩扛"闸门"、目光中充满慈爱与冷峻的"父亲"形象吧。

国民性批判：五四启蒙的国民画像

——《阿Q正传》导读

刘进才

《阿Q正传》共有九章，连载于1921年12月4日至1922年2月12日的《晨报副镌》上，署名"巴人"，取下里巴人、并不高雅之意。表面上鲁迅似乎并不看重这个小说，但它却被海外现代文学研究家夏志清认为是现代中国小说中唯一享有国际声誉的作品。

按照鲁迅的意图，写作《阿Q正传》的目的"是想暴露国民的弱点"。该小说连载第四章的时候，茅盾读到这篇小说就迫不及待地在通信中敏锐地指出："我读这篇小说的时候，总觉得阿Q这人很是面熟。是呵，他是中国人品性的结晶呀！"① 的确如此，从小说的题目就可以知道，鲁迅在《阿Q正传》中主要塑造了阿Q这个典型人物，如何认识阿Q这一人物形象

---

① 雁冰：《致谭国棠信》，《小说月报》第十三卷第一期，1922年。

也是理解这篇小说的关键，因而，先从阿Q形象谈起。

　　饶有意味的是，小说叙述者声称要给阿Q做传，却不知道阿Q姓什么，也不知道阿Q的名字是怎么写的，更不知道他的籍贯。按照中国文化历史的书写传统，写作者为人做传一定要非常了解传主的家世与基本的身份信息，如此说来，鲁迅莫非是在给一个没有姓名、没有籍贯的"莫须有"的人物做传？这种叙事口吻本身就是对中国历史书写的嘲讽与颠覆。多年以后，鲁迅在《答〈戏〉周刊编者信》中谈到《阿Q正传》的构思："我的方法是在使读者摸不着在写自己以外的谁，一下子就推诿掉，变成旁观者，而疑心到像是写自己，又像是写一切人，由此开出反省的道路。"也就是说，鲁迅试图通过阿Q这个人物，作为一面镜子映照国民的众生相的。阿Q是辛亥革命前后一个生活在底层社会的农民，他一贫如洗，生活极其困苦，勉强靠打短工来维持生计，生活中得不到别人的尊重。他尽管干起活来有时也"真能做"，但却缺乏勤劳与质朴，身上也沾染上一些游手好闲的毛病，精神胜利法思想是其性格的核心，鲁迅借此人物展开了冷峻严苛的国民性思想批判。不论现实的处境和遭遇如何悲惨与不幸，阿Q总能找到胜利的感觉，在精神上总能够处于优胜的状态之中。比如，自己被人打了认为是儿子打老子，他的地位很低，却幻想着自己的儿子比别人阔多了，阿Q常常把自己的幻想当作抵御外来伤害的迷幻药与麻痹剂。有时候阿Q妄自尊大与自负，进了一趟城之后开始鄙视城里人，只是因为城里人把"长凳"叫作"条凳"，他甚至为城里人油煎大头鱼放上切细的姜丝而不是像未庄那样加上半寸长的葱叶而感到可笑。这种妄自尊大的心理既折射出其以自我为中心的盲目自大与自傲，也表明了其特有的褊狭，骨子里仍然是挥之不去的自卑。因而，小说中也写了阿Q因头上生癞疮疤而产生的忌讳，他讳说"癞"以及一切近于"赖"的音，后来推而广之，"光"也讳，"亮"也讳，再后来，连"灯""烛"都讳了。这种忌讳心理其实质仍然是不能正确对待自己的自我欺骗。阿Q有时候自高自大，有时候又表现出自轻自贱。当闲人们得知他这一套转败为胜的精神秘诀，再揪打他时，总是强迫他承认是"人打畜生"，阿Q却更自贱地讨饶："打虫豸，好不好?"结果仍不免受到别人的欺侮。无论在什么情况下，他的精神胜利法照样能够获得胜利，永远成为他自我陶醉的法宝，因而他觉得自己是第一个能够自轻自贱的人，除开"自轻自贱"以外，余下的就是"第一个"，而"状元不也是第一个么?"有时候他受了屈辱后实在无法平衡，只得借助忘却来解脱困境。阿Q的精神胜利法实质是一种自我麻醉的精神手段，一种自我欺骗的病态心理。最有意味的是，阿Q受到强者的欺侮后，不是积极面对与反击，而是采取回避的态度与方式，要么是精神的胜利，要么采取遗忘，要么通过欺负更弱小者来舒缓自己的心理。阿Q不是正确积极主动地面对现实，总是采取回避的手段，用自我欺骗的手段造出"奇妙的逃路"。这种自我欺骗的病态心理阻碍了阿Q的自我认知，更阻碍了阿Q的思想觉悟，他不能正视自己被压迫、被欺凌的现实处境和屈辱地位，因而也就不能走向真正的反抗和真正的革命之路，只能落下一个悲惨的结局。

鲁迅是把阿Q作为"我们国人的灵魂"加以刻画的，他的精神胜利法集中体现了国民的弱点。通过这部小说，鲁迅让国人看到了自身的劣根性，也引发读者去追究这种性格弱点形成的原因。任何时候占据统治地位的思想是统治者思想的反映，精神胜利法也概莫能外。晚清以来的中国封建统治者在外国侵略者面前屡遭惨败，逐渐形成了以掩盖失败的现实而自欺欺人的病态心理：他们既以历史悠久和文明古国自诩，瞧不起外国人的物质文明与机械文明，抵挡不住外国人船坚炮利的进攻，只得屈膝投降，丧权辱国。但在国人面前，他们又要掩盖失败的现实，以维护自己的尊严，继续其统治，这样一来就要自欺欺人。封建统治者的精神病态必然会影响到社会各个阶层，精神胜利法成为国人普遍的精神痼疾。当然，精神胜利法产生与形成也有底层民众自身的原因。中国是一个农业大国，农耕文化让农民"生于斯，长于斯"，长期固守在土地上的农民在数千年相沿不变的小农经济的生活方式影响下，逐渐形成了守旧落后的思想，这些正是精神胜利法产生的文化温床。鲁迅借助塑造阿Q这个人物的精神病态透视了中国文化与历史，也以一个人物考量着国人的灵魂。

阿Q渴望改变自身的生活困境，对统治者几乎怀有本能的仇视，这种朴素的反抗心理与革命要求必然唤起阿Q对于革命的神往，如何看待阿Q的革命问题也是解读这篇小说的又一关键。我们知道，阿Q是一个对自我没有认知的人，也可以说是一个没有真正的自我意识的人。自知者明，阿Q不自知，他的所有行为都可从不自知找到根由。比如，小说第四章写到阿Q"恋爱的悲剧"，这件事是阿Q人生的转折点，因为自此以后，阿Q失去了自己所有的家当，也失去了在未庄获得生计的资本，进城开始了小偷的生涯，以致后来糊里糊涂参加革命并被杀了头，得到"大团圆"的结局。阿Q突然跪下来向吴妈要求"困觉"，这种在吴妈看来非常突然与古怪的行为，其实在读者看来也是有其心理轨迹的。阿Q恋爱悲剧的原因，不在于他求爱方式的唐突与大胆，也不在于他的贫穷的地位没有资格恋爱，而在于阿Q的求爱是出于自身对吴妈的喜爱——哪怕只是本能，即便出于本能的爱也表现了人的原欲的内在要求。但阿Q是出于什么原因向吴妈求爱呢？阿Q是受到别人的愚弄后转而去调戏地位更弱的尼姑，遭到了尼姑对他"断子绝孙"的辱骂。在阿Q看来，再也没有比这种辱骂更刺痛他神经的了，传统文化中"不孝有三，无后为大"的观念也深深影响着他。于是，为了免于不孝的罪名，阿Q开始从尼姑之骂想到男女之大防，由男女在一起想到了吴妈，由吴妈谈起少奶奶要生孩子，于是想到了要和吴妈"困觉"。阿Q的恋爱完全是出于外在受挫的影响与刺激，并非发自内心地对吴妈喜爱，他的"割麦便割麦，春米便春米，撑船便撑船"的生活与劳作方式也是外力拨弄的结果，而没有真正成熟的自我认知与自我意识。

阿Q的恋爱如此，他的革命观念如何呢？也就是说神往于革命的目的何在呢？由于长期处于屈辱的社会地位，阿Q本能具有一种改变自身命运的要求和愿望，但长期以来形成的精神胜利法思想必然阻断他革命的道路，由于精神胜利法的存在，阿Q内心不可能自觉生长出一种革命意识来。一般来讲，革命者革命意识的获得与革命观念的形成是受革命理念本身的感召，但阿Q对革命一无所知。在他原来的观念中，阿Q是反对革命的，"以为革命党便是造反，造反便是与他为难，所以一向是深恶而痛绝之的"。阿Q正是看到赵老太爷们听到革命时的惊慌失措，内心迅速升腾起报复的快感，于是要投奔革命党了。他的革命是"我要什么就是什么，我喜欢谁就是谁"。他的革命的梦想是要获得秀才娘子的一张宁式床，这种对革命的盲目理解与可笑幻想必然导致他悲惨的结局。阿Q的悲惨结局既表明了辛亥革命的不彻底性，也进一步揭示出广大民众思想文化的愚昧落后，意味深长地开掘出革命需要启迪民众的思想主题。小说对辛亥革命失败的书写揭示出死水一潭的旧中国积重难返的黑暗现实，"换汤不换药"的革命并未丝毫改善中国的社会结构："革命党虽然进了城，倒还没有什么大异样。知县大老爷还是原官，不过改称了什么，而且举人老爷也做了什么——官，带兵的也还是原来的老把总。"阿Q的悲惨结局，既是他个人的悲剧，也是辛亥革命的悲剧。正是通过阿Q的悲剧结局，鲁迅总结了这场革命因没有发动与依靠农民而最终失败的历史教训，从而也在实际上提出了农民问题在中国革命中的重要性。周扬在20世纪50年代初谈到《阿Q正传》时指出："辛亥革命没有给农民以真正的利益，没有依靠农民，启发他们的觉悟与积极性，引导他们走上革命的道路，这就注定了辛亥革命必然失败。在这里，鲁迅对于农民的弱点方面的批判，同时也正是对于辛亥革命的一个严正的历史的评判。"我想，这正是对阿Q悲剧结局的原因分析，也是对小说历史意义的精辟概括。

以文学改良之实，建社会改良之功

——读胡适《文学改良刍议》

张选军

堪称中国文学革命发难之作的《文学改良刍议》，是胡适在中国新文化运动背景下结合欧美诗坛革新运动所带来的启示，对中国文学现代化变革所做出的符合文学自身发展规律和社会发展需求的主张。这些主张和建议虽然写得比较温和和持重，但它对于传统文言文作为一种文学工具的否定是彻底且坚决的，也正是这种彻底、坚决的态度，极大地推动了文学变革的热潮，这对文学革命的发展所起到的作用是毋庸置疑的。当一百年后的今天，我们徜徉在现代白话文学的海洋里，感受着与现实生活相契合的语言文字表达时，满怀敬意地重温百年前的那篇经典，应该成为我们应有的态度。

说起中国新文学革命及其影响，新文化运动的社会思想文化背景注定是绕不开的，但是对于晚清有识之士倡导的文学改良及其对后世的影响同样不应忽视。我们都知道，甲午海战，清朝的惨败击碎了晚清意图通过洋务运动来实现器物上振兴的梦想，百日维新的草草收场昭示着政治上的改良同样拯救不了行将没落的老朽帝国，于是一批知识分子将目光纷纷投向国外思想文化领域，以期从中获得挽救国家危亡、拯救黎民于水火的积极思想文化因子。与此同时，他们认识到民智的愚昧落后和民众的不觉醒是一切变法图强最终失败的根本原因。于是《新民丛报》《民报》《新小说》等报刊一时间纷纷涌现，这些新式报刊的出现在开启民智、培养民德的思想文化启蒙式的运动方面起到了重要的作用，而文学作为思想文化传播和发展的重要载体，自然也就成为有识之士重点关注的对象。于是新式文化事业蓬勃发展，国内出现办学热、创办新式报刊热、出版新书热。其实，早在戊戌变法时期，维新派为了对人民进行"启蒙"，就提倡过白话文和"小说界革命"。维新运动失败后，各类白话报刊不断涌现，白话文写作得到更多提倡和实践。比如，除"小说界革命"外，维新派继续倡导"诗界革命""曲界革命""思想革命"以及"史学革命"等。在文学表达上，对迂腐落后的封建主义的批判必然会体现在对封建文学的攻击和否定上，反对文言、提倡白话，反对旧文学、提倡新文学，最终演绎成为一场声势浩大的文学革命运动。

中国的文学革命在继承梁启超、黄遵宪等人倡导的"新民""救国"的近代改良精神和各种具体文学革命倡议以及白话文运动的基础上，不断突破陈腐文言文学的内容和形式的禁锢，使得白话文学的读者群体不断扩大，所影响的范围越来越广泛，于是现代文学朝什么方向发展、如何发展、采取什么样的形式等都成了迫切需要解决的问题。虽然在胡适之前也有人对此提出不少见解和主张，但由于各自思考的角度和时代的局限等因素，并没有产生多大影响。而接受中国传统文化熏陶，又有多年欧美留学经历的胡适，面对纷繁复杂的现代文学发展局面，结合自己的思考和文学追求，于1917年1月在《新青年》第二卷第五号上发表了《文学改良刍议》，这篇文章比较细致地阐述了胡适对于新文学的几点具体要求和努力方向。当然有人说胡适所谓的"八事"是其留美期间对欧美诗坛意象主义运动中关于诗歌创作主张的移植，是舶来品，并非十足的中国货。实际上这种看法在很大程度上忽视了胡适关于新文学理论所立足的自身深厚的传统文化根基，而过于重视西洋文学理论对于胡适的影响，这是不客观的。作为长期留学欧美的胡适，在为国内文学发展建言献策时，对自己熟悉的国外文学创作经验和主张的参考和借鉴，也实属正常。那么一百年前这篇文学革命发难之作《文学改良刍议》究竟在哪些方面仍然值得我们去仔细品鉴呢？它背后所透射出的精神内涵又有哪些呢？笔者在此想通过对经典的简单梳理来重温它的丰富内容和独特魅力。

《文学改良刍议》所提八事中的第一事是"须言之有物"。在本条事中，起首便将"吾国近世文学之大病，在于言之无物"作为倡导的背景提出，足见那个时代的文学重要的弊病所在。综观胡适在文中所提到的"物"，我们不难看出其指向有二：即一方面指情感，另一方面指思想。在情感层面，胡适认为"情感者，文学之灵魂。文学而无情感，如人之无魂，木偶而已，行尸走肉而已"。在思想方面，胡适不仅认识到"思想不必皆赖文学而传，而文学以有思想而益贵"，而且还认为"思想亦以有文学的价值而益贵"，他的这种既重视高远之思想，又重视真挚之情感的态度对于当时的文学风尚（那种"沾沾于声调字句之间"，写出的文章多是"如无灵魂无脑筋之美人"）起到重要的批评和指引作用。现在看来，胡适的看法和建议是合情合理的。写作是一个人思想的表达和观点的输出，但凡文章或表达情感、或纪实、或歌颂、或批判……无不包含在情感和思想之中。从作家层面来看，他写作旨在表达自己的思想和情感，从读者的层面来看，他们的阅读旨在感受作者的思想情感，没了足够深刻的思想和丰富情感，阅读将没有任何收获可言，而写作也就没有存在的价值和意义了。所以胡适主张"欲救此弊，宜以质救之"，这里的"质"就是"情与思"。

第二事是模仿古人。胡适认为"文学者，随时代而变迁者也。一时代有一时代之文学"，并且认为这是"文明进化之公理"。因此他提出"吾辈以历史进化之眼光观之，决不可谓古人之文学皆胜于今人也"，更不主张今人对古人进行模仿，而是要文学创作者必须顺应时代发展，使得文学能反映现实生活，和时代发展紧密相连，否则，停滞在过去的文学样式和内容中，一味地因袭过去的东西，不懂得文学创作要与时俱进，只能让文学与时代脱节，甚至成为社会发展的羁绊。针对当时中国文学之现状，胡适在倡导"今日之中国，当造今日之文学"的同时，对于白话小说的成绩提出赞许，认为"以此种小说皆不事模仿古人，而惟实写今日社会之情状，故能成真正文学"。在诗歌方面，他认为当时诗歌创作的失败在于因袭古人，没有变革创新，所以他提出"惟作我自己的诗"，方可避免失败，在这里胡适所倡导的"我自己的诗"，除了要求创作者有自己的真实生活体验外，还要有真实的情感表达，这又和"言之有物"相联通，着实思考周密，有感而发。

第三事是讲求文法。胡适所谓的"文法"就是以字词句为基本单元编排组成的完整语句，也可以理解为一篇文章的合理性组织。他认为现在的很多诗人和作家不太注意文法结构，"尤以作骈文律诗者为尤甚"，骈文律诗者往往为了追求格式上的工整而忽略内容的真实和丰富，所形成的文章和诗只是表面华丽，言辞过度渲染，仅仅玩弄文字游戏，对读者和社会没有什么积极意义。在胡适看来，以骈文和律诗等为代表的古文是旧文化的代表，是应该被废止的腐败八股的文学。

第四事是无病呻吟。文学作品是作者的思想和主观情感的表达，为了更好地表达自己的情感，将笔下的人、事、物赋予一定的情感，再借助一定的手法技巧加以表达，这是文学抒情言志的重要手段。但是在胡适看来，过度的悲情就是老年人也不宜过多抒发，更何况是少年，因为胡适从这些悲情之中感受到一种"暮气"和"亡国之音"，这种情感的抒发与人、与事、与国、与时皆无补，只是一种不能解决实际问题的"牢骚之音，感唱之文"，是一种无病呻吟之作。胡适深刻地批评了当时文坛上的这种悲观情绪，极力倡导一种"奋发有为"的精神和"服劳报国"的思想，进而实现文学精神的倡导和弘扬。

第五事是滥调套语。文学从某种意义上来看属于一种创新，对于作者来说就是要将自己在实际生活中的感受和体会以一种前人没有的形式表达出来，所以文学离不开创新，离不开个性化的表达。但是胡适在面对"诗文处处是陈言滥调"时，认为这样的流弊导致"国中生出许多似是而非，貌似而实非之诗文"，究其根源在于"其用滥调套语者，皆懒惰不肯自己铸词状物者也"。所以胡适倡导"务去滥调套语"，希望人们根据自己亲见亲闻、亲身阅历，本着"不失其真"的精神，自己创造新鲜的词汇加以描写表达，用创新的思维和眼光去感知世界和社会，进而创作出崭新的文学。

第六事是关于用典。在胡适刚开始提出"不用典"之时，就有人对此说法提出关于"典"的不同见解，后经过讨论整理，胡适认为典分为广义和狭义。广义上来看，成语、史事、古人之语等皆为典故，使用这些典故可以将丰富深刻的内涵意义以简约的语言加以表达，起到言简义丰的效果。狭义之典是指那些生僻、自造的人事典故，运用可能会引起读者的错误理解，或不能理解。对于前者，胡适认为可根据表达的需要适当运用；对于后者，胡适认为日常写作或交流不是为了炫耀自己掌握多少典故，而主要是为了表达感情，相互沟通，同时由于各自文学功底的差异，不可能每个人都理解生僻的典故，这样"用典而失其原意"，不仅于创作无益，对于读者来说更是有害。

第七事是关于对仗。胡适认为"排偶乃人类言语之一种特性"，对排偶对仗等古代文学手法进行肯定，但前提是古人根据语言的自然特性，做到毫无"牵强刻削"的痕迹。然而对于后世文学末流，往往"言之无物"，只能"以文胜"，最终导致束缚人之自由的骈文律诗一类作品出现。因此我们可以看出：白话文在文学形式上摆脱排偶、押韵、对仗等传统的俗套，在白话文日渐发展并占据主导地位的今天，人们在文字表达上，享受到比古人更为宽广的自由。之所以能做到这一点，很大程度上在于语言顺应时代发展和社会进步的节奏，不断调整和完善自己的形式，以最大的开放性来适应社会日渐丰富的生活。

第八事是关于俗字俗语。胡适推崇元代文学，认为"中国文学当以元代为最盛，可传世不朽之作，当以元代为最多"，原因就在于元代之文学最近言文合一，白话几成文学的语言，同时还对欧洲诸国的文学所用皆为"俚语"并推动文学兴盛加以赞许。此足以看出，胡适提出不避俗字俗语，倡导白话文，是因为他看出对俗字俗语的使用是符合历史进步的，它除了使思想和情感的表达更清晰明了，日常文学撰写也变得轻松，同时普通民众易于理解和接受，那么文学的发展和兴盛也就可以断言了。胡适这种历史进化的眼光的确值得后人钦佩。

《文学改良刍议》以自身特有的表述反映了时代发展在文字方面的需求，但是如果将此篇文章仅仅看作是在文字形式或工具上的改良，也是对这篇经典的误读或浅读，通过认真梳理和分析不难看出，《文学改良刍议》所提出的八事中，除了第三、五、六、七、八事是从文学（文字）形式上提出改良意见外，第一、二、四事皆是涉及文学内容方面的建议，它们共同表现为对旧文学发起挑战，同时也为新文化和新文学的发展指明一定的方向，影响了一代年轻人的文学观。胡适在论述自己对中国文学发展的贡献时曾说过，指出使用白话文写作的新路子，指出中国文学演变发展规律和方向，在理论和实践上都对新诗的发展做出思考和尝试。实际上，任何事物都是内容和形式的统一，没有无内容的形式，也没有无形式的内容。文学创作更要讲求内容和形式的统一，任何文学外在形式的出现或被实践，必然要为内容服务。完全不讲形式的内容是令人厌烦的，而完全不讲内容的形式也是注定会被抛弃的。追溯历史上影响比较大的文学改良运动，无不是在内容和形式两个方面都取得崭新的变革，进而成就一个时代的文学。

　　"言之有物"，按照胡适的解释，包括情感和思想，无论是情感还是思想都应该是文学对社会人生的表达，这里除了情感要真实、真诚外，思想更要跟上时代和社会的发展，大凡反映时代社会的文学情感也多是真诚的。"不模仿古人""不发无病呻吟"更是将文学书写的情感内容放在重要位置，陈旧的文学内容、无病呻吟的滥情抒发，对于新文学的建设和发展都是不利的。在胡适看来，新文学之所以为新，主要还是在于思想上、精神上、心灵上的自由和崭新，而要实现这一点，就是要从语言形式上进行创新。胡适在后来的《建设的文学革命论：国语的文学——文学的国语》中有明确的表达：只有通过文学，国语才具有价值和生命，才会得到广泛运用和发展。在语言形式方面，胡适一方面通过"讲求文法""不求对仗"来倡导新文学的语言表达要自由，不拘古旧格式，一方面对"滥调套语""典故（狭义）"加以否定和摒弃，倡导语言创新，对"俗字俗语"不加回避，敢于用白话入文、入诗。在这里形式是有新内容的形式，内容是有新形式的内容，文学革命的最大意义或许就在于：以崭新的形式表达崭新的内容。

　　建立符合社会时代发展的新文学是《文学改良刍议》的核心问题，也是文学革命的本质问题，围绕这一问题，胡适充分地表达了他对于新文学从内容到形式等方面的见解和主张，这些见解和主张归结起来用胡适自己的话说就是"今人当造今人之文学"。透过这句话，我们或许可以从以下几个角度来理解胡适对于文学革命的作用以及给后人的启发和激励。首先，关于"今人之文学"，也就是新文学，文学革命所要建立的文学，要有崭新的内容、崭新的形式；其次，关于"造"字，有写作、创造、创新之意，需要一代或几代文学创作者的实践努力，以自己的实际创作来践行和推动，只有主动投入新文学的建设中，新文学才会有新局面、新境界；再次是"今人"，对于那个时代文学创作者或爱好者来说，全新的时代社会，全新的思想，全新的人生体验，今人需要全新的文学来表达这一切；最后是"当"有应当、该当之意，这里透着责任与担当的意味，一个时代有一个时代的知识分子，而真正的知识分子必然在社会时代的转型时期，在各自民族、国家的重要关头挺身而出，勇于担当，将自己的学识、才华贡献于自己的国家和人民，这样才无愧于时代，无悔于人生。胡适以及以胡适为代表的那个时代的许多知识分子为后人做出了表率。当一百年后的今天，我们透过纷繁变换的时代和光怪陆离的文学乱象，或许可以看到历史以它存在过的意义给予我们的更多的启示。

知识分子的"自由"担当

——重温《争自由的宣言》

张选军

　　随着辛亥革命的失败，一大批民国知识分子的参政热情也随之受到重大挫折，他们由革命的云端跌入现实的谷底，面对混乱动荡的时局，他们在彷徨，也在反思，他们梦想的民主、自由的世界在哪里？或许现实的社会政治环境不能给予他们太多将梦想转换成现实的机会。随之而来的新文化运动正是这一代知识分子在发现通过积极参与政治来改造中国这条路走不通以后，希望尝试去走的另外一条路而已。1917年从美国归来的胡适就曾公开宣称：二十年不谈政治、二十年不干政治，"打定二十年不谈政治的决心，要想在思想文艺上替中国政治建筑一个革新的基础"。这倒不是胡适不参与政治，而是辛亥革命到新文化运动这几年来，社会不仅没有获得显著的进步，甚至在某些领域变得更为混乱和不堪。正如《争自由的宣言》一文表述的那样："这九年在假共和政治之下，经历了种种不自由的痛苦。便是政局变迁，这党把那党赶掉，然全国不自由的痛苦仍同从前一样"，于是以胡适为代表的相当一部分自由主义知识分子站在政治之外，力图通过文化的改良来实现社会思想和文化的新生，进而为中国的变革培育健康的社会土壤。

　　尽管新文化运动的知识分子们在各自的领域进行了可谓艰苦卓绝的努力，但是现实的政治环境在军阀政客的争夺中每况愈下，这些曾一度拒绝涉入丑恶的现实政治旋涡中去的知识分子们，也终于无法克制住自己批判乃至于参与现实政治的欲望和愤懑情绪，胡适在《我的歧路》中承认他"是一个注意政治的人"，"我现在出来谈政治，虽是国内的腐败政治激出来的，其实大部分是这几年的'高谈主义而不研究问题'的'新舆论界'把我激出来的"。1920 年 8 月，胡适、蒋梦麟、蔡元培、陶孟和、李大钊等 8 位知识分子联名在《晨报》上发表《争自由的宣言》。此文开篇就说"我们本不愿意谈实际的政治，但是实际的政治，却没有一时一刻不来妨害我们"。透过这句话，我们可以看出新文化学人们内心的矛盾与焦灼，主观方面打算远离政治，以此来给社会一个文化改良的机会，但客观上来看，他们从来就没有真正离开过政治，而且这些政治都是在对他们热衷的文化改良的干扰和阻碍。作为一名教育家，蒋梦麟对于政治看法是：教育绝不是培养不问政治的书呆子，但从历史的长河上看，政党、政事之类的政治，终究是过眼烟云，转瞬即逝的历史陈迹，而学术、文化，才有恒久的价值。在他看来，教育很难与政治相脱离，那么教育对政治应采取分析和区别对待的态度，不能笼统地说"但管教育，不谈政治"。只是在具体的谈政治方面，蒋梦麟认为教育应当担负起开启民智、养成民主政治的习惯，学者和知识分子应当展望未来，关注现实政治，不能脱离现实政治。

尽管新文化学人在参不参与政治以及怎样参与政治等方面最初存在不同看法，但是现实的政治逼迫着他们不得不站出来发出自己的声音。不过他们的政治观点与军阀政府的政治有着本质性的不同，他们认为："政治逼迫我们到这样无路可走的时候，我们便不得不起一种彻底觉悟，认定政治如果不由人民发动，断不会有真共和实现。"他们彻底觉悟的主要体现就是要求政治应由"人民"来发动，突出了"人民"在现实政治中的作用，因为只有真正由人民发起的政治才是民主的，才是自由的。胡适曾发出这样呼唤："争你们个人的自由，便是为国家争自由！争你们自己的人格，便是为国家争人格！自由平等的国家不是一群奴才建造得起来的。"一群没有独立自由的国民是不会建立真正意义上自由、民主的国家的。但是对于"人民"怎样发动政治，学人们给出的答案是要先"有养成国人自由思想自由评判的真精神的空气"，而这一空气的获得还是在于教育、文化的发展和积淀，在于"人民"的主动争取，甚至是要通过血与汗的努力来换取的。

在各项自由中，新文化学人们更重视言论、出版印刷发行、集会结社等自由，因为这些都是一个正常社会民众拥有的最起码的自由，试想如果没有言论出版自由，那么何来质疑批判的声音，没有质疑批判的声音，社会又如何实现良性发展，如果没有集会结社的自由，那么又何来维护民众监督的权利和捍卫公平正义、民主自由的力量？因此，《争自由的宣言》的联名发表对当时社会、军阀政府都产生了重要的影响。在社会方面，这些新文化运动的主将们联名发声，可见自由之于社会、国家的重要性，同时联合起来对政府限制国人自由权利的做法本身就是干预现实社会政治，这无疑在社会上对那些游离于政治外的一部分人起到号召和鼓励的作用；另一方面将斗争的矛头指向政府，从这些文化精英、社会名流共同发声的宣言中，政府应该感受到来自社会的压力，这对于其国内的政治或多或少产生一些影响。到了1921年，国民党政府的腐败和社会的混乱没有丝毫转变，一向政见平和的胡适也按捺不住内心的焦忧，在国民党成立十周年大庆的日子，他写下了《双十节鬼歌》："十年了，他们又来纪念了。他们借我们，出一张红报，做几篇文章，放一天例假，发一批勋章：这就是我们的纪念了！要脸吗？这难道是革命的纪念吗？我们那时候，威权也不怕，生命也不顾；监狱作家乡，炸弹底下来去：肯受这种无耻的纪念吗？别讨厌啦！可以换个法子纪念了。大家合起来赶掉这群狼，推翻这鸟政府；起一个新革命，造一个好政府：那才是双十节的纪念了！"

诗歌直指国民党政府的腐败无能，甚至号召推翻这个"鸟政府"，重造一个"好政府"，在这样一种氛围中，那些埋头于"新文化运动"的知识分子大部分又重新参与到社会的政治当中。于是在这一背景下，1922年4月13日由蔡元培领衔、胡适主笔的《我们的政治主张》，发出的声音可谓惊世骇俗，在当时引起强烈反响，文章明确了政治目标：政治改革的目标我们以为现在不谈政治则已，若谈政治，应该有一个切实的、明了的、人人都能了解的目标……现在都应该平心降格地公认"好政府"一个目标，作为现在改革中国政治的最低限度的要求。同时还就"好人政府"提出了具体目标：宪政的政府、公开的政府、有计划的政治。

由此看来，《争自由的宣言》在新文化学人这一方面来看，是他们积极干涉社会政治的宣言，对于自由来说，没有广泛的言论、出版、集会等的自由就没有人民的自由，没有人民的自由就不会有民族、国家的自由，而没有民族国家的自由又何来民族国家的发展。在所有的自由当中，思想言论的自由最为可贵，因为没有思想自由评判的真精神，就不会有肯为自由而战的人民，没有肯为自由而流血流汗的人民，就绝不会有真正的自由。百年已逝，重新读《争自由的宣言》，新文化运动的先驱者们关注时局、勇于担当的以天下为己任的情怀犹在眼前，一个时代有一个时代发展所遇到的问题，前人的智慧和勇气、责任与担当或许正是我们后人最要汲取的力量。

"我的朋友胡适之"

——胡适《朋友》解读

张宝明

　　《朋友》最初发表于《新青年》第二卷第六号。应该说，这是《新青年》杂志倡导白话文早期的一篇"尝试"力作。这里，胡适彻底放下那些"高头讲章"式的文字，以"朋友"之间应有的"常识"之情理来解读为人处世的道理。读来完全可以用"文如其人"四个字来概括。

　　这里，笔者更想从《朋友》一诗之外解读"我的朋友胡适之"这个民国"网红"词语，来了解经典以外的"功夫"，借以理解胡适在谦和低调、笑容可掬背后的心理气质。

　　"我的朋友胡适之"是流行于民国朋友圈的一个热词。那时还没有网络，更谈不上什么 QQ、飞信、微信等交际手段，但民国文人于觥筹交错之际煞有介事地来上这么一句，霎时就会吸引各种艳羡或狐疑的目光。刚刚还叨陪末座呢，这会儿仿佛一下子被推到聚光灯下，有了种种环顾四宇、傲视群雄的感觉，差点忘了全是狐假虎威的结果。然而凡事过犹不及，像这样的热词也是如此，一旦被用滥了，它的效果就会大打折扣，毕竟胡适只是一个人气超群的文人，不是孙悟空，可以有三头六臂，再怎么交际广泛，也分身乏术的。所以，假若一个僻居乡野的腐儒，连张合影的照片这样的物证都没有，也贸然扯来这么一句话给自己增加社交的权重，一不小心就成了大家鄙夷和嘲讽的对象。

考证这样一个民国文人间的流行热词的来龙去脉，或是出力不讨好的事。要知道，口耳相传的流行热词，只是人们挂在嘴边的口头禅，或真或假，一笑了之的事情，有谁能将它当回事而著之竹帛呢，即便间或有之，也是故意行调侃之能事的。这就不免让人有些羚羊挂角无迹可寻的茫然：既不如付梓报刊、书信、日记中的人与事手到擒来，更不如现代网络热词那样"踏网留印""跟帖有痕"。但陈寅恪有言，"解释一个字，即一部文化史"，则又给这篇小文撑了腰、打了气，若据此而对"我的朋友胡适之"考据一番，大抵有助于我们对民国文人间的交际生态和胡适先生的交游行状多几分了解。

实际上，对此感兴趣的也大有人在。唐德刚就是其中的一个，这位有志于口述史学的历史学家还有一个得天独厚的条件，那就是他近水楼台先得月，曾经数度与胡适有过面对面的访谈交流。他那部广有声誉的《胡适口述自传》就是这种访谈交流的产物。有一次，他怀着强烈的好奇心问及胡适，传说中的"我的朋友胡适之"是否系傅斯年脱口秀出，没想到一向以"考据癖"著称的胡老师竟连连摆手曰："考据不出来！

考据不出来！"① 从胡适"笑得非常得意"的神情来看，晚年的他应该没有必要知而不宣的。难道据此我们就可以宣称"我的朋友胡适之"这风行民国的流行字词成了无从考证的百年之谜？却倒也不见得，毕竟这热词虽然与胡适高度相关，但据情理推测，它被高频使用，却最有可能是胡适不在现场的时候。所以，唐德刚就这一问题而征询胡适，很大程度上，实在不免给人问道于盲的感觉。

可见很多时候我们完全不必迷信口述史学，当事人找得不对，其实无异于缘木求鱼。就"我的朋友胡适之"这句热词而言，想要考察它的来路，在民国一代文人大多花果飘零的时节，恐怕从原始文本出发才是正途。"有几分证据说几分话"，这是胡适有名的治学格言，那么据此追根溯源，当胡适在民国的文人圈子中尚且寂寂无闻的时候，陈独秀在 1917 年年初就文学革新问题而寄给远在美国求学的他的信函中，一句"吾友胡适"大抵算得上"我的朋友胡适之"的文言版。值得一提的是，这是陈独秀得到胡适《文学改良刍议》后在"快慰无似"的心情下奋笔疾书的高调点赞之语："文学革命之气运，酝酿已非一日，其首举义旗之急先锋，则为吾友胡适。"如果这仅仅是一句客套话，它的元典意义当然就会大打折扣，但事实上呢，不仅这封信事关新文化运动的最初发萌而具有思想史的价值，而且陈独秀在其中表现出来的拳拳之心，也大有挟胡适而自重的意味，而这恰是日后民国文人间用"我的朋友胡适之"狐假虎威的庄重版。

很大程度上，我们应该说，陈独秀对于胡适是有知遇之

---

① 唐德刚：《胡适杂忆》，广西师范大学出版社 2015 年版，第 187 页。

恩的。胡适之所以能凭借《文学改良刍议》而声名鹊起，不仅是借了陈独秀主编的《新青年》的舆论阵地和整个知识界渴求变革的时势，而且跟陈独秀不遗余力地推崇不无关系。陈独秀在给胡适的通信中不但频频以"神交"自持，大有"天下（文坛）英雄只有你和我"的通感，而且处处"高举"胡适的"旗帜"，一遍遍地阐发其在《文学改良刍议》中提出的观点，而因为这些信函中的多数是被刊登在影响力一时无两的《新青年》杂志上的，所以，在"新文化运动"如火如荼之际，胡适虽然仍远在美国，但其声名却远播海内，大有"天下谁人不识君"的气场了。要知道，胡适即便是有天纵之才，没有陈独秀及其《新青年》所造之势，谁又会留心一个康奈尔大学农学院的中国留学生对于语体变革的想法呢。古今中外的通例，一向都是千里马易得而伯乐难求的，举世滔滔，沙海无边，若要埋没一个所谓的人才实在是太容易了。然而陈独秀却并不以伯乐自居，全然是一种共襄盛举的心态。由此可见"吾友胡适"作为"我的朋友胡适之"的文言版，尚无后来为人所讥的谁揩了谁的油之类的世俗心态。

当然，"我的朋友胡适之"这一民国文人朋友圈的热词，从文言版走入白话体之后，虽在言者不免有自我托大的嫌疑，但归根结底，却还是以他作为朋友的素质为条件的。胡适首先是一个乐于交游和朋友遍天下的人。新月社浪漫诗人徐志摩以其不羁的个性，在民国文人中出了名地热衷宴游之乐，但有一次他却不无调侃地说："我最羡慕我们胡大哥的肠胃，天天酬酢，肠胃居然吃得消！"梁实秋也证实了这一情形："胡先生交友广，应酬多，几乎天天有人邀饮，家里可以无需开伙。"作为弟子的唐德刚忆及老师的亲民情形，更是不无夸张地说："生前真可说是交游遍及海内外。上至总统、主席，下至企枱、司厨、贩夫、走卒、担菜、卖浆……行列之中都有胡适之底'朋友'！"唯其如此，才给人冒用"我的朋友胡适之"之类热词自我托大提供了可能，不然，如果胡适深居简出，一般人想见都见不到，"我的朋友胡适之"这样的热词，当然没有办法在民国的文人圈子里流行开来。

一个人朋友的多少，宴游的多寡，不可能是单方面因素决定的，但最为根本的，当然还是胡适强大的人格魅力。这一魅力恰如唐德刚所形容的那样："胡适之的磁场，其吸引力是可惊的。片刻坐对，整日春风。'我的朋友胡适之'也就交游遍海内了。"当然，唐德刚所接触的是晚年的胡适，那么青年时候的他呢？作为博士还没毕业的留学生，因为在新文化运动中名声大噪，26岁就被委命为北大教授，声名可谓如日中天。即便声名显赫，胡适却总能发出持平之论，因而在朋友圈中有着被广泛称赞的好脾气。当年将新文化派视为"洪水猛兽"的林纾算是《新青年》的头号敌人了，闻听他的死讯，《新青年》同人大有额手相庆的感觉。周作人在《再说林琴南》中说："林琴南的确要比我们大几十岁，但年老不能勒索我们的尊敬，倘若别无可以尊敬的地方，所以我不能因为他是先辈而特别客气。"这样的语气对于一个死者而言，是足够不客气了，但就是这样，钱玄同也不能接受："何以要认林纾为前辈？何以后辈不可唐突前辈？我以为前辈的话说得合理，自然应该听从他；要是不合理，便应该纠正他，反对他；他如果有荒谬无理的态度，一样应该斥责他，教训他，讥讽他，嘲笑他，乃至于痛骂他。"但是胡适，尽管曾被林纾咒成恨不能"化之为粪"的"秦二世"，但他却不仅主动撰写纪念文章，而且表现出常人难具的"持平"："我们晚一辈少年人只认得守旧的林琴南而不知道当日的维新党林琴南；听得林琴南老年反对白话文学，而不知道林琴南壮年时曾做很通俗的白话诗，——这算不得公平的舆论。"

所谓"持平"，当然并非乡愿，而是"爱而知其恶，恶而知其美"。就林纾而言，他因反对新文化运动而为新青年们所憎恶，但在这"恶"中，胡适却发现了他曾作为维新党的身份，并肯定他当初作通俗白话诗的努力，这当然是"恶而知其美"的典型例证了，那么"爱而知其恶"呢？在这方面，胡适也同样有着令人赞叹的表现。1917年年初，当抛出《文学改良刍议》的胡适看到陈独秀不加丝毫怀疑就将自己的"八事"之论奉为圭臬并宣称为"必不容反对者有讨论之余地"时，并不因为他是"神交"已久的朋友就放任、怂恿，而是以容忍异见的原则公开讨论："此事之是非，非一朝一夕所能定，亦非一二人所能定。甚愿国中人士能平心静气与吾辈同力研究此问题，讨论既熟，是非自明。吾辈已张革命之旗，虽不容退缩，然亦决不敢以吾辈所主张为必是而不容他人之匡正也。"胡适不是不爱自己提出的文学改良主张，也不是不尊重对其有知遇之恩的陈独秀，但却不像陈独秀那样，为了张扬自己的文学理念，就将其奉为"绝对之是"。所以，无论对人还是对事，胡适在这里都表现出了理性和清醒的态度，并以强大的勇气和自信维护了自己信奉的学术原则。"爱而知其恶，恶而知其美"，决定了胡适待人接物中的平和、温良、醇厚的君子风度，并由此形成了他独特的魅力，获得广泛的认可，赢得交口的称赞。既如此，"我的朋友胡适之"作为热词而流行，也就不足为奇了。

持平之外又有所坚持，这就不免让人想起蒋介石在挽联中对胡适一生的经典评价："新文化中旧道德的楷模；旧伦理中新思想的师表。"这和西方学者列文森对中国海归们一个共同特征的概括有异曲同工之妙：在价值上诉诸西方；在情感上倾向于传统。这些都是对20世纪知识分子尤其是海归们，处于传统与现代转型过程中的矛盾、纠结与忐忑心态的绝佳写照。具体到胡适，七年的欧风美雨洗礼也未能让他成为例外，传统中国文人"难得糊涂"的处世规则和白璧德式的人文主义就完美地结合在一起。胡适有一篇著名的文章《差不多先生传》："他姓差，名不多……差不多先生的相貌和你和我都差不多。他有一双眼睛，但看的不很清楚；有两只耳朵，但听的不很分明；有鼻子和嘴，但他对气味和口味都不很讲究。他的脑子也不小，但他的记性却不很精明，他的思想也不很细密。"胡适把死后被封为"圆通大师"的"差不多先生"看成是"全国人代表"。胡适在新文化运动如火如荼的时候写作此文，是带有明显的讽刺意味的，但耐人寻味的是，纵观胡适的一生，他的学术上的问题意识、逻辑推理都有着周密的原则和底线，但从其情感世界、处世原则来看又不时呈现出"难得糊涂"般的"差不多"特征，而这看似矛盾的特征，却刚柔并济地在他那里演绎成了一个理性与浪漫的传奇。

足以为这理性与浪漫的结合做注解的，还有胡适本人的一句名言："做学问要在不疑处有疑，做人要在有疑处不疑。"

这话他曾经向民国时期的女作家白薇说过。那是在1930年春天，胡适正在中国公学担任校长，在该校任教的白薇与陆侃如、冯沅君夫妇发生矛盾。当白薇为此纠缠不休并找到校长论理断案时，胡适面对对方的"千条计"，还是"老主意"而以不变应万变："最后我要说一句我个人的信仰。我常说：'做学问要于不疑处有疑；待人要于有疑处不疑。'若不如此，必致视朋友为仇雠，视世界为荆天棘地。"在这里，我们无意搬弄民国文人间的是非，但从胡适的话音里，我们不难猜测白薇在处理自己与陆侃如、冯沅君夫妇的矛盾时的疑神疑鬼。胡适这里就"做学问"和"待人"而向白薇所做区分的重点，显然是要强调待人接物的道理，但这样的区分，却堪称"我的朋友胡适之"的众妙之门。如果说前一句的"为学"之道成就了大学问家、大舆论家、大思想家胡适之；那么后一句话的"待人"之道，显而易见地成就了人人称羡的"我的朋友胡适之"。

循着胡适"有疑"与"不疑"的人生之路，则又不难发现他"君子立论，宜存心忠厚"的原则。1924年秋，高一涵曾在《晨报副镌》上发布了批评商务印书馆"谋红利"等"太过火"的偏激言论。读到此文后，胡适写信给这位同乡好友说："君子立论，宜存心忠厚。凡不知其真实动机，而事迹有可取者，尚当嘉许其行为，而不当学理学家苛刻诛心的谬论。"所谓"诛心"，就是在不掌握事实情况的时候便妄加猜测和指责他人的动机，这当然是一向主张"有一份证据说一分话"的胡适所坚决反对的，而这样的猜测和指责，又像高一涵的捕风捉影、妄加议论一样，偏颇随处可见，就更加让以"待人要于有疑处不疑"为原则的胡适觉得有失忠厚了。

"君子立论，宜存心忠厚"，这正是胡适秉性质朴的内生动力所在。我们知道，鲁迅和胡适曾是新文化战线中"同一战壕"的"战友"，但后来因为观念上的分歧，鲁迅对胡适微词不断，胡适却始终对鲁迅的成绩给予积极辩护。鲁迅逝世后，1936年11月18日苏雪林给胡适写信点评鲁迅说："玷辱士林之衣冠败类，廿五史儒林传所无之奸恶小人。"胡适当即回信指出："鲁迅自有他的长处。如他的早年文学作品，如他的小说史研究，皆是上等工作。"他不仅没有跟着苏雪林任意谩骂一通，相反，却还在肯定鲁迅的小说史研究之后，顺便提及《现代评论》派的主将陈源污蔑鲁迅的《中国小说史略》涉嫌抄袭日本人盐谷温的《支那文学概论讲话》的公案："现今盐谷温的文学史已由孙俍工译出了，其书是未见我和鲁迅之小说研究以前的作品，其考据部分浅陋可笑。说鲁迅抄盐谷温，真是万分的冤枉。盐谷温一案，我们应该为鲁迅洗刷明白。"① 陈源、苏雪林都是胡适的朋友，而鲁迅，不但早已与之形同陌路，且又斯人已逝，但胡适却不因此而对陈、苏二人多加袒护，对鲁迅落井下石，这无疑是胡适"爱而知其恶，恶而知其美"的绝佳写照，同时也见出他知人论世的"心存忠厚"。所以，也就无怪乎唐德刚曾这样评价这位良师益友："他治学交友虽深具门户之见，但为人处世则断无害人之心。"② 应该说，"断无害人之心"无疑是胡适始终坚守的道德底线，也是他一生朋友遍天下的核心人格基因。像这样一个文化巨星，不以君临姿态而以君子心态待人，又"断无害人之心"，即便声称"我

① 胡适：《胡适书信集》中册，北京大学出版社1996年版，第710页。
② 唐德刚：《胡适杂忆》，广西师范大学出版社2005年版，第155页。

的朋友胡适之"的人不免有狐假虎威的嫌疑，却也可能在这个过程中使灵魂得到净化和升华。既如此，这一民国热词的流行，无论如何也都是功莫大焉。

然而，在民国文人的社会文化生态中，却也并不是所有人都对"我的朋友胡适之"这样的热词感冒，相反，冷嘲热讽者也大有人在。1935 年年底至 1936 年年初，胡适连致三封信给汤尔和，征询其在 1919 年的某次北大校务会议上发的驱逐文科学长陈独秀的议论（"力言其私德太坏"），并对汤尔和当年"不能把私行为与公行为分开，适堕奸人术中"有所批评。虽然胡适一再声明自己只是一个"旁观者"的身份，"毫无责备贤者之意"，并有"狂妄之处，千万请先生原宥"之类的托词，最后也以"敬上"具名，但是，在对方看来，他既不是"旁观者"，同时又能从语气和措辞感受到直言不讳、唇枪舌剑的杀气。于是就有了汤尔和"为公为孽，兄自知之"的反唇相讥，并不无挖苦地以"此上'我的朋友'胡适之先生"作结。从这里，我们一方面见出胡适在历史真相问题上绝非一个冬烘般的"圆通先生"，另一方面，其坚持在个人的公行与私德之间划定明确的界限，也恰好刺痛了汤尔和这个"每日抄读宋明理学语录"的卫道士，令对方不惜反用"我的朋友胡适之"这一热词与之划清界限。讽刺的是，与胡适通信不满一年，也即 1937 年 12 月 14 日，因为北平的沦陷，汤尔和就匆匆忙忙充任了傀儡政权"中华民国临时政府"的议政委员长，走向了汉奸卖国的道路。这始料不及的结果，不仅反证了"我的朋友胡适之"到 1936 年前后已广为传播的事实，而且强化了其承载的满满的正能量。

"两个黄蝴蝶，双双飞上天；不知为什么，一个忽飞远。剩下那一个，孤单怪可怜；也无心上天，天上太孤单。"《朋友》简单明了，没有什么深奥的词句。从文言文到白话文，从"飞远"到"接地"，从"双双"到不愿"太孤单"，在这一目了然的白话背后，有着胡适之先生"为人"与"为文"的大原则："德不孤必有邻。"

启蒙视野下的"写实"与"个性"

——读胡适《易卜生主义》

张选军

随着新文化运动的持续深入发展，旧式传统社会的种种落后观念习俗、制度文化、道德思想等越来越成为社会深入变革发展的强大障碍。任何一场社会变革除了经济基础的发展与积累，社会文化的推动之外，同样带有前瞻和引领性质的理论思潮也是必不可少。中国的新文化运动本是一场思想层面的变革运动，在当时新文化运动的社会背景下，各种社会思潮和变革理论特别是西方的一些社会思想、政治理论涌入，这一方面看出当时社会先驱者对于国之沉疴的焦虑以及解决这些沉疴的急切心理，只要是先进的就给介绍引进来，另一方面也应看到这些崭新的文化艺术、理论思想以及政治制度等的传入，在很大程度上开拓了国人眼界，刺激了国人思想，丰富了国人认知，也更是推动了思想文化、政治制度本土化的探索和建设。胡适作为中国新文化运动的倡导者，更是以自己的实际行动为中国社会文化思潮的变革和发展做出了重要贡献。这些贡献涉及很多方面，仅就《易卜生主义》这一篇文章在当时的影响就会让我们为之敬仰和叹服。

茅盾曾这样说过：易卜生和我国近年来震动全国的"新文化运动"是有一种非同等闲的关系，六七年前，《新青年》出"易卜生专号"，曾把这位北欧的大文豪作为文学革命、妇女解放、翻看传统思想等运动的象征。那时候，易卜生这个名儿，萦绕于青年的心中，不亚于今日之下的马克思和列宁。总而言之，易卜生在中国是经过一次大吹大擂的介绍的。茅盾的这番话在某种程度上正是对胡适倡导的"易卜生主义"在国内影响的概述，实际上我们细读《易卜生主义》不难发现，胡适对易卜生这一欧洲文学、思想大师关注或兴趣点主要集中在两个方面：一是易卜生的"写实主义"，二是易卜生的"个人主义"。其实关于易卜生的思想相当丰富，远不是写实和个人这两个方面这么简单，其甚至包括更多的政治、哲学内容，但胡适有意地选择倾向。除了胡适个人关注重点之外，或许中国新文化运动或五四一代知识分子的集体信仰更是这种选择倾向的重要原因。

说到新文化运动时期知识分子的集体信仰，就不能不说新文化运动期间许多思想观念都是直接从西方舶来的，它们在国内有一个吸收转化的过程，在这个转化过程中，不少观念和思想首先是以概念的形式存在于国人的脑海中，即使对于胡适这样学贯中西的知识分子而言，他的易卜生主义是不是就是易卜生思想中的真实内涵，有人对此质疑，但我们知道当时五四学人焦虑和迫切的心态使得他们或许没有那种闲静的心态慢慢整理和消化，面对国内社会现状，他们往往只能根据自己一时的理解，一边阅读译介，一边传播推广，那么传入国内的和原汁原味的思想学说之间存在一定差距也就可以理解了，但这从根本上并不影响新文化运动时期那一批知识分子对这些概念式的思想文化等观念接受、传播以及推广。在《易卜生主义》这篇文章中，胡适一开始就定下了整个论述基调，即从社会学的角度来评论易卜生主义，把易卜生看作一个社会改革家而非艺术家，他所分析的写实主义，最终目的是为提出其个人主义的主张，希望借此达到社会批判，实现社会改良之目的。胡适对于易卜生介绍的选择性，正说明他所极力推崇的"个人主义"一方面是西方政治哲学精神的核心要素，另一方面也说明胡适以此对于中国新文化运动以及政治的建设所期待的方向。

那么胡适所译介和倡导的"个人主义"在传统中国这一语境下究竟有着什么样的内涵呢？首先我们还是通过胡适在文章中的话语来做个简单的了解。在这篇文章中，胡适重点评价了易卜生的"个人和群体"之间的关系，他认为"社会与个人互相损害，社会最爱专制，往往用强力摧折个人的个性，压制个人自由独立的精神"，但是"等到个人的个性都消失了，等到自由独立的精神都完了，社会自身也没有生气了，也不会进步了"。由此看来，胡适极力推崇的"个人（个性）"和"群体（社会）"之间的联系如此紧密和重要。而事实上，在中国这样的传统宗法制社会里，"个人（个性）"是相当匮乏的，作为几千年传统专制社会，具有一整套成熟的专制体系，自由独立"个人（个性）"的缺失是古老中国走向现代文明的根本障碍。因此，呼唤"个人"的觉醒，以个性解放的旗帜引导沉睡着的奴性的国民，成为新文化运动首当其冲的问题。而易卜生及其作品中体现着的强烈个人主义精神得到了以胡适为代表的启蒙者的青睐也就是必然的了。

胡适对易卜生的剧本《人民公敌》很是欣赏，剧本中斯铎曼医生，发现本镇浴场的水里含有对人体有害的细菌，出于一个医生的责任和良知，他反对继续开浴场。可是当地的浴场的投资者使用各种卑鄙的手段，要把他从镇上赶出去。他们不仅对他进行人身的攻击和诋毁，还煽动不明真相的群众，砸碎他家的窗户。于是斯铎曼医生成了所谓的"人民公敌"。胡适在文章中这样评价："剧本里的主人翁斯铎曼医生，宁可叫全体市民给他加上'人民公敌'的徽号，而不肯不说老实话，不可不宣言他所认得的真理。他最后宣言道：'世界上最强有力的人就是那最孤立的人！'这样特立独行的人格就是易卜生要宣传的'真正纯粹的个人主义'。"实际上，易卜生所宣扬的个人主义以及他所批判的庸众短浅的目光，以及对权威的盲目崇拜，都与国内新文化运动时期所诉求的时代精神相契合。胡适在《介绍我自己的思想》一文中，对《易卜生主义》这篇文章这样评价："易卜生最可代表十九世纪欧洲的个人主义的精华，故我这篇文章只写得一种健全的个人主义的人生观。这篇文章在民国七八年间所以能有最大的兴奋作用和解放作用，也正因为他所提倡的个人主义在当日确是最新鲜又最需要的一针注射。"

综观胡适对易卜生主义的理解，我们可以看出，胡适的"个人主义"不是简单地张扬个性，关心自己，对社会不闻不问，相反胡适笔下的"个人主义"更多地带有"独立人格""自由精神""不迷信不盲从""敢于担当，敢于坚持真理"等精神，这里的"个人主义"更多地打上了社会的烙印，是要以个性主义为利器，挑战社会的黑暗和不公，他的"个人主义"更多地指向家国、社会这一层面。胡适还有这样的名言："一个自由民主的国家，不是一群奴才可以建立得起来的。"在他看来，只有培养出一大批具有个性的"新青年"，有担当、有理想的"个人主义"者，未来的社会才有希望，未来的中国才有前途。他实际上是从救国的角度来提倡个人主义的。张扬个性，最终还是为了国家的富强。

正因为胡适倡导的个人主义是指向家国和社会，所以胡适对易卜生的推崇和译介还有另外一个重要原因，那就是以此来剖析改良中国的社会。某种程度上来说，越是写实的就越是个人主义的，而越是个人主义的往往就越是写实的。在易卜生那里，或者说在胡适眼里，易卜生的个人主义和写实主义是紧密相关的。胡适对于陈腐的社会现实持这样的态度："若要病好，须先认有病；若要政治好，须先认现今的政治实在不好；若要改良社会，须先知道现今的社会实在是男盗女娼的社会！"所以他充分借鉴易卜生的长处，"他能把社会种种腐败龌龊的实在情形写出来叫大家仔细看"。

易卜生的《娜拉》中的娜拉留给大家的印象无非就是妇女解放的代言和那曾一度影响过现代文学创作的"离家出走"的情节模式。但易卜生本人却一再坚持他只是写人，并不仅仅是反映妇女问题。娜拉天真单纯、富于爱心，爱自己的丈夫，也相信丈夫与自己有同样的爱的信守。她一直梦想着爱的"奇迹"，对现实充满神圣感、欢愉感，但是在遭到屈辱的回报后，震惊、发现与醒悟，最后还是因为恪守爱的信念而坚决地摔门离去。在这里娜拉的个性不断在现实中得到发展，并最终因为个人的信仰而离家出走，社会、家庭的虚伪、罪恶等得到充分的表达，作者在表现"人"的觉醒和叛逆的同时，社会现实得到全方位的展示和揭露。与之相应，胡适在改良社会这一功利目的的引导下，在《终身大事》中塑造了一个敢于反抗封建家庭、争取婚姻自主的"娜拉式"人物田亚梅，该剧作以女主人公离家出走作为最终结局，但是《娜拉》中娜拉那种真实而丰富的心灵刻画却没有达到，或许这并不是胡适着力要表达的，胡适的重点就在于以此提出社会问题，引起社会关注。正如洪深所说："他的目的，是要把戏剧做传播思想、组织社会、改善人生的工具。"

胡适对于易卜生创作中所集中反映的三大社会势力——法律、宗教、道德，有着深刻的认识和思考，而这三大势力的确和社会现实有着密切的关联。胡适认为："法律的效能在于除暴去恶，禁民为非。但是法律有好处也有坏处。好处在于法律是无有偏私的，犯了什么法，就该得什么罪。坏处也在于此。""易卜生眼里的宗教久已失了那种可以感化人的能力；久已变成毫无生气的仪节、信条，只配口头念得烂熟，却不配使人奋发鼓舞了。""现在的宗教虽没有精神上的价值，却极有物质上的用场。宗教是可以利用的，是可以使人发财得意的。"对于现实的宗教，胡适在易卜生《群鬼》一剧中，看出木匠这一下流酒鬼形象很好地表现了这一观点，另外《罗斯马庄》剧里面的主人公罗斯马本是一个牧师，他的思想改变了，遂不信教了。后来他想加入本地的自由党，不料党中的领袖却不许罗斯马宣告他脱离教会的事。因为这样可以借罗斯马的名誉来号召那些信教的人，可见宗教的兴旺，并不是因为宗教真有兴旺的价值，不过是因为宗教有可以利用的价值罢了。宗教表面上兴旺的背后其实是自私贪婪的本性。当宗教成为部分人实现某种目的的手段时，似乎也就失去了宗教原有的意义。至于道德，在易卜生看来，社会上所谓"道德"不过是许多陈腐的旧习惯。合于社会习惯的，便是道德；不合于社会习惯的，便是不道德。胡适为了阐明易卜生的这个看法，列举了中国的老辈人看见少年男女实行自由结婚，便说是"不道德"的例子，并就背后的原因做了分析：因为这事不合于"父母之命，媒妁之言"的社会习惯。但是这班老辈人自己讨过许多小老婆，却以为是很平常的事，没有什么不道德。为什么呢？因为习惯如此。于是胡适在这里将社会的习惯和道德联系起来，让人们认识到中国传统社会的道德习惯是如何存在于人们的日常生活中，以起到很好的警醒作用。

在《易卜生主义》这篇文章中，胡适说：易卜生的人生观只是一个写实主义。易卜生把家庭、社会的实在情形都写出来，叫人看了动心，叫人看了觉得我们的家庭、社会原来是如此黑暗腐败，叫人看了觉得家庭、社会真正不得不维新革命……但是易卜生虽开了许多脉案，却不肯轻易开药方。社会的病，种类纷繁，绝不是什么"包医百病"的药方所能治得好的。因此他只好开了脉案，说出病情，让病人各自去寻医病的药方。虽然如此，易卜生生平却也有一种完全积极的主张，那就是他主张个人须要充分发展自己的才性，须要充分发展自己的个性。因此，易卜生思想中的"现实主义"和"个人主义"，前者主要是展示社会现实是什么样子，后者从赞扬和呼唤个性出发，潜地里给解决陈腐的社会问题提供了可能。这也正是胡适对易卜生极力推崇并着力译介的根本原因。

由于在中国传统中，只有家国的意识，很少有个人的观念，个人在群体中只是一种依附性的存在，群体则会利用各种冠冕堂皇的道理来压制个人。而五四新文化运动重要的功绩之一就是推动国人对于"个人"的发现和对个性的诉求，这种意义不论是在当时，还是在现在，都有着积极的作用。胡适希望通过一代人的努力，启发并引导世人发现、认识当时的中国社会现实，并通过对个性主义的倡导和弘扬，来推动个性主义在古老国度的文化土壤里成长，最终培育出有着自由意志、有着责任担当的崭新的个人主义者，面对社会的罪恶的摧折，敢于以自己的行动宣言：世上最强有力的人就是那个孤立的人！

百年之后重温《易卜生主义》这篇文章，胡适先生在文章中重点分析介绍的"写实主义""个人主义"依然有着巨大的生命力。虽然在社会主义崭新的时代中，社会制度优越，社会机制有效运转，但是现实社会在不断与时俱进的同时，对于那些陈旧落后的观念，甚至变换形式寄生在新时代各种新事物上的丑陋与腐朽，如何清醒地认识并摒弃剔除它们将成为我们长期面对的问题。新时代更需要充满个性、焕发活力、敢于站在人民的立场与一切不健康、不正义的力量做不妥协的斗争，在弘扬个人主义力量的同时，担负起社会的责任。当然，作为百年经典，透过文本，我们或许不得不为胡适先生那份睿智与勇敢而点赞，他不仅敏锐地把握到中国社会的变革所需要的"写实"和"个性"，更重要的是抓住易卜生这一位欧洲重要文学家、思想家的"社会问题剧"，加以译介传输，虽然带着明显的功利性，但是作为一代启蒙者，已经着实让人钦佩。

"公仇"比"私恨"更不堪

——胡适《致陈独秀（1925 年 12 月）》解读

张宝明

重读五四那些经典会发现一个司空见惯的现象：那就是动辄开骂。凡是遇见与自己意见不合，有违"新"意的不同点就会恶言相对、粗口相爆，这正如胡适在给陈独秀的信中所说的那样，不能容忍异己异于自己不同的观点，完全违背了宽容的精神。于是就有了这样的精彩断句："'异乎我者未必即非，而同乎我者未必即是；今日众人之所是未必即是，而众人之所非未必真非。'争自由的唯一理由，换句话说，就是期望大家能容忍异己的意见与信仰。凡不承认异己者的自由的人，就不配争自由，就不配谈自由。"尤其值得注意的是，作者指出的"群众"意见比个人之间的恩怨更为不堪，令人深思。为了便于更好地领会并感受这一经典书信的思想魅力，我们不妨将以"公"之名行骂人之实的戾气作必要的铺垫。

一、粗口：在"正义"的"火气"下爆发

记得鲁迅为了刻画自己笔下的阿Q之无赖、粗鄙与流气，曾让他向王胡爆粗口并"两手叉在腰间"回应："谁认便骂谁！"这就是典型的流氓阿飞、泼妇无赖的习性和架势。这样的情形，很容易让人联想到一个新文化人的集散地《新青年》编辑部：在海归荟萃、导师云集的"金字招牌"下，竟聚集着一批遣词盛气凌人、造句飞扬跋扈的学术大师和文化大腕。他们携带着"正义的火气"入场，以杀气腾腾的情绪在场，用高声顿骂的文字谢场。这一切，在学者和教授们看来又是那样地心安理得、理直气壮。于是，在对那一代知识先驱"猛士"般的勇气、胆量和担当充满敬意的同时，也不禁悲从中来：在缺乏文人雅士应有的"绅士"风度之粗鄙语言书写中，爆粗口的白话书写犹如脱缰的野马般桀骜不驯、信马由缰。那种不惜以母语惨遭凌辱为代价的暴力狂飙，真有一种不忍卒读的残酷和不堪。

其实，比起这种"爆粗口"更不堪的则是以"正义"之名狂飙出来的"火气"，以及为"正义的火气"下冒出的毒詈、暴戾之骂而百般辩护的托词："乃为公仇，实非私恨。"在很多情况下，笔者更愿意将这种"骂街"看作是情绪烟幕掩护下的遁逃，也是情急之中败将下来的一种隐喻和象征。

母语，乃是列祖列宗的无私而慷慨的馈赠。以"母"名之，

本应受到至亲至爱的尊崇和宗法，但恰恰是这个意味着"存在之家"的象征符号，却在最能代表文化本质的意义上斯文扫地、一文不名，受尽前所未有的折磨和凌辱。这一切，又都是以"正义"的名义并夹杂着"火气"公然进行的。在"新青年派"那里，之所以"火气"大，是因为相信自己真理在握、毋庸置疑，因此难免火气十足、颐指气使：以文（言）"死"白（话）"活"相要挟，直至将传统母语置于死地而后快。

这，就是一场站街比骂的粗鄙接龙游戏。回想那时的人和事，尤其是号称名噪一时的《新青年》，简直就是骂出来的"金字招牌"。

让我们先看看《新青年》刚刚掀开门帘，跃然封面之"陈独秀先生主撰"这几个字的威风，一开始就是"一人当道万夫莫开"的架势。尽管门可罗雀，但集主撰、主编、主营于一身，"所有问题都自己扛"的陈独秀却有着"一人说了算"的权威和权力。尽管开场白的"社告"以"商榷""研求""疑难"等字眼明义，但一句颐指气使、飞扬跋扈的武断足以让所有开放式的人文温情、启蒙理性刹那间灰飞烟灭："独至改良中国文学，当以白话为文学正宗之说。其是非甚明，必不容反对者有讨论之余地，必以吾辈所主张者为绝对之是，而不容他人之匡正也。"针对陈独秀的"不容匡正"之强梁、武断乃至霸气，胡适曾表示过不敢苟同，但这不但未能阻止陈独秀的偏至和狷狂，反而更添一份自负和刚愎。一副"就这么着了"的嘚瑟、任性劲儿。

为何"独至"就摆出了一副"绝对之是""不容匡正"的霸道架势呢？知识分子包打天下、舍我其谁的心态在此暴露无遗。原来，作为"文学正宗"的"白话文"乃是"新青年派"知识群体的"天"，白话文大于或等于"天"的逻辑判断让同人们平添了一层无上的自信和自豪。中国传统社会对"天"或说"天理"的膜拜与担待无疑会给白话文石破天惊地涂上一层至高无上的威权色彩。古代向来有"顺天者昌逆天者亡"的说法，再加上传统中国不乏"替天行道"的咒符。于是，在"天意"的指授下，作为"天"（理）的代言人自然也就颐指气使、盛气凌人了。这样的"天人合一"，试看孰能匹敌？这样的刚愎和跋扈一旦膨胀起来，就连脏字连篇、破口大骂的字眼都那样无可厚非，完全是理也直、气也壮的架势。

　　我们看到，在这个亲朋好友式的群体里，即使有着自谦、温和、低调个性，一再主张"伏惟国人同志有以匡纠是正之""议论定须平心静气"的胡适，也难以摆脱"趋于极端""天经地义"的绑架，成为新文化运动的"过河卒"，他只能"拼命向前"，最后不惜以"死活"来给文白分出地狱、人间的楚河汉界，为新文学杀出一条血路来。凡此种种，无非是从另一个迂回的路径为"文言发丧"、替白话行道。在这个意义上，"新青年派"的白话文学走的乃是一条开弓没有回头箭的不归路。即是说，以白话为代表的新文学以唯我是尊的思维模式霸占了所有的话语空间。正所谓："待到秋来九月八，我花开后百花杀。"余下的就是"顺我者昌逆我者亡"之你死我活的血肉火并。就这样，本来即使"正义"也要以一团"和气"的格调进行的讨论，在一团"火气"下杀个你死我活。

二、谁之"正义"："大学教授"和"大学问家"

　　自从20世纪初年吴稚晖在《新世纪》上以"燃料"点燃汉字"野蛮"，"为文明发达之阻力"之捻，接踵而来的《新青年》继往开来，简直就成了传统母语的捻军。有了陈、胡哼哈二将的铺垫，"新青年"阵营很快蹿出一匹莽撞憨直的黑马：横冲直撞，狂轰滥炸，如同旋风一般彪悍的黑马。既有张飞的叱咤，也有李逵的威猛。不由分说，便有了作为经典代言的新文化派奉为圭臬的精神LOGO："选学妖孽，桐城谬种。"这样的阵势简直就是太岁头上动土。以"选学派"的地位、"桐城派"的声势，又岂是标新立异、乳臭十足的新人所能妄议的？但他们的的确确这么做了，而且做得很过分。他们不但对故纸堆里静态的"死者"不尊，而且对作为文化载体之活生生师者指桑骂槐。过分的是，他们手之舞之足之蹈之不说，干脆采取"踏上一只脚"的架势，以坚决、彻底、全盘的态度，对死有余辜的"逆我者"迎头痛击、不留活口。不但被"发丧"的"死者"死了，就是有的"活着"的载体也死了，一切的一一的一切都被"死了死了的"展示着。更为过分的是，你不但只有认死的命——不能不死不活，而且即使你死了也没有沉默的权利——你要死得很难看，叫你死得其所、死有余辜，大有"挖坟""鞭尸"的意味。

　　以新文化同人与林纾的较劲为例，这个不断升级的过程就很让人不堪。就在 1917 年 1 月胡适那篇"炮捻儿"《文学改良刍议》在《新青年》第二卷第五号上点燃后，接踵而来的便是陈独秀噼里啪啦、振聋发聩的《文学革命论》(《新青年》第二卷第六号)。针对这哼哈二将抛出的白话将为不二的"正宗"之"断言"，古文家林纾于 2 月 8 日在上海《民国日报》以《论古文之不宜废》表态："知腊丁（拉丁文）之不可废，则马班韩柳（司马迁、班固、韩愈、柳宗元）亦自有其不宜废者。"很显然，古文家林纾关注的是"我从哪里来"之归家的路，而新文化派则意在"到哪里去"之未来前瞻之途。本来，鉴于双方都是寻路者的角色，而且是处于一个线索上的对位张力，只是立足点和关注点不同，完全可以平等、温和而理性对话。结果却从各执己见、唇枪舌剑逐渐升级，一直走向剑拔弩张、你死我活。这一切，要从同年 6 月胡适写给陈独秀的信说起。当时，胡适的"改良"发表后，一片喧哗，但有权威的大家却少有回应。胡适的"点将"不乏激将的意味："林先生为古文大家，而其论'古文之不当废'，'乃不能道其所以然'，则古文之当废，不亦既明且显耶?"或许，当时的"主撰"并没有理解金牌作者胡适的"苦心"，只以"天经地义""无余闲"进行"无谓之讨论"作罢。之后，林纾矜持也好，不屑也罢，很长时间不置一词。

说理总需棋逢对手，更何况要找到能够"所以然"的对手。鲁迅在《呐喊·自序》中就对加盟《新青年》的过程有过"寂寞"的叙述：空物无阵，英雄无用武之地。在"通信"栏目里自然有不少"新青年"赢粮景从，但这样的一呼百应却少了一份应有的厚重张力。这如同鲁迅说过的那样："有的人希望对手是老虎、雄鹰，有的人希望对手是苍蝇、蚊子。"显然，新青年派更看重的是狮子吼，而不是蚊蝇嗡。林纾的销声匿迹着实让《新青年》有着"荷戟彷徨"的难耐。于是，不甘寂寞的同人们便眉头一皱、计上心头。他们将没有"所以然"的林纾作为污名化的对象开始了一场无厘头的"双簧"包装及戏弄。

针对大音的"希声"，"新青年"同人感到了一丝寂寞。由此，一场"文学革命之反响"的自我包装和设计便粉墨登场。明明人家沉默不语，你却要煞有其事地说人家来信为证；明明人家规避自命，你却活生生地硬要把人家拽出来示众。更为要命的是，对无中生有之"王敬轩"的死缠烂打真可谓机关算尽：既有"文革"引蛇出洞之伎俩，也有今天所谓"钓鱼执法"黔驴之嫌。关键在于，对林纾这一"古文大家"戏噱和谑弄也极具象征意味：对文化承诺与承载不屑、不孝与不尊。作为列祖列宗几千年来积攒的那笔文化遗产和精神馈赠，以这样的态度大加挞伐和鞭挞未免让人不寒而栗。为此，就连"新青年派"内部同人胡适也时不时为"凭空闭户造出一个王敬轩"心里犯嘀咕。

看看"新青年派"是如何骂人的吧。"王敬轩"虽然没有指名道姓就是林琴南，但是以来信与回信处处拿林纾说事儿的情形来看，这个"言必称"事实已经将虚拟的与现实的打捆审判。鉴于来信和回信来自一场设计，所以挑事者的口吻和回复者的口气应该说是沆瀣一气的。先看来者的"不善"："曰妖孽，曰谬种，恐是夫子自道耳。"这句针对"桐城""选学"的骂腔，一旦作为"其人之道"抛出，就有一种"你骂你自己"

的"还治"。再如"若得新忘旧，是乃荡妇所为"。从贞操上怀疑《新青年》同人的人格，这也就够狠的了。不过，这些都是在抛砖引玉，都是在为以下更为激烈的骂辞做铺垫。在将"王敬轩"的"违禽兽"等"村妪口吻"一并括进之后，便是有过之无不及的毒詈之语。如果说"先生便到了你'墓木拱矣'的时候还是个不明白"算是一句"雅骂"（其实这和"死了你也不懂"的粗口没有什么不同），那么这样的文字和将"他妈的"换算成文乎其文的"他母亲的"并没有质的区别。在那"不同既要偷汉又要请圣旨、竖牌坊的烂污寡妇一样吗"的反问中，隐含的正是"既要当婊子又要立牌坊"的民间恶声。再诸如"老朽之心""冬烘先生的臭调子"和"老不死的""腌臜菜"又有多大区别呢？加之下文对"狗头道学家"的"哼""呸"等语言的叠加，再夹杂着"混账""混蛋""屁话"等脏字秽语，这和最底层的泼妇骂街又有什么两样？对，连"一个战壕里的战友"也看不过、忍不住了："吾辈不当乱骂人，乱骂人实在无益于事。"然而，无益于事归无益，结果这样的劝说不但无济于事，而且此后变本加厉起来，粗鄙化话语飞流直下。

这还不是问题的重点。关键还在于，以《新青年》主撰为首的同人对读者来信中所提出的质疑不但不以为然，而且还满不在乎将其公布在"通信"中以"司马昭之心"相挂。

看看陈主撰对一封读者好心相劝的回复信就可以窥见一斑了。原来专为"骂人"直言不讳的读者本身就是《新青年》的一介忠实粉丝。这位读者虽然还没读过前三卷，但对第四卷第一号好不快哉的阅读让他为之一惊：《新青年》是提倡新道德（伦理改革）、新文学（文学革命）和新思想（改良国民思想）的。难道'骂人'是新道德、新文学和新思想中所应有的么？""先生等遇见了不良思想的人，每每便要痛骂"，这不是以暴易暴便是南辕北辙。在这位读者"爱真"看来，"骂人是言论自由"与"打人是行动自由"没有什么两样。长此以往，以毒攻毒，论不在论，理不在理。

主撰陈独秀接到这封信后亲笔做了回复。考量回信的口气，除了开头的"尊函来劝本志不要'骂人'，感谢之至"的客套外，余下的话怎么读都有十分傲慢的嫌疑——完全是一副我行我素、奈我如何的架势。首先是对"骂人"有没有、有多少、怎么定的诡辩或说狡辩："'骂人'本是恶俗，本志同人自当有则改之、无则加勉，以答足下的盛意。"如果说我们的"骂人"不是五毒俱全，那么我们这"骂人的毒"该归你所说的"世界上有五种最大的毒物"的哪一种呢？其次是以其人之道还治其人之身。就算我们有"骂人"，"足下"所说的"毒物"，比起"谬种""妖孽""是不是骂人呢？"言下之意，你能好到哪里去呢？是不是半斤八两或说贼喊捉贼呢？三是不反思自家问题，无理取闹："辩论真理的时候，本志同人大半气量狭小，性情直率，就不免声色俱厉；宁肯旁人骂我们是暴徒、是流氓，却不愿意装出那绅士的腔调，出言吞吐，至使是非不明于天下。因为我们也都抱了'扫毒主义'，古人说得好，'除恶务尽'，还有什么客气呢？"这一段话除却印证了"爱真"来信所说的以毒攻毒逻辑外，还暴露出一个致命的自负心理（逻辑）：即使是骂了，我们也觉得骂人有理。你瞧，本来"气量狭小"是被人小瞧的贬义词，但在这里却成了一个冠冕堂皇的托词；还有，即使被视为真"暴徒"、活"流氓"，也不愿意斯文客气地充当伪君子、假"绅士";更何况,我们还有祖宗家法——"除恶务尽"的说法做后台呢!这种肆无忌惮的做法和"文革"造反有理的逻辑如出一辙,简直就是无法无天:骂人有理,你可以不骂,也可以劝我们不要骂,但我们还是依然故我。有祖宗家法这把尚方宝剑,既是脏话在口,又奈我如何?堂堂的"大学教授""大学问家",竟然被几句蛮不讲理、破罐子破摔的泼妇刁男逻辑言中了:"我是流氓我怕谁!"

如此一来,白话文主导的新文化运动到头来便是骂声不绝。而且,新文化人往往以谁骂得新鲜、彻底、痛快为荣。这时,谁对文言驳斥得不堪,谁的话就越吃香,也就越吸睛,越有人叫好,从而也就显得越有价值。骂声高潮迭起,一浪又一浪。君不见,在20世纪激进思潮长江后浪推前浪的同时,骂将也是代代不乏新人出。吴稚晖在《新世纪》上对汉字发难之后,钱玄同便在《新青年》上喊出了取消汉字的吼声:"欲废孔学,不可不先废汉文;欲驱除一般人之幼稚的、野蛮的、顽固的思想,尤不可不先废汉文。"被钦定为"新文化主将"的鲁迅也说过:"方块汉字真是愚民政策的利器","汉字也是中国劳苦大众身上的一个结核,病菌都潜伏在里面,倘不首先除去它,结果只有自己死"。老师如是,学生更是"青出于蓝"。傅斯年曾这样奚落汉字道:"中国文字的起源是极野蛮,形状是极奇异,认识是极不便,应用是极不经济,真是又笨、又粗、牛鬼蛇神的文字,真是天下第一不方便的器具。"《新青年》(季刊)的后起之秀瞿秋白更是将中国文化的一大贡献汉字一笔打入冷宫:"汉字真正是世界上最龌龊最恶劣最混蛋的中世纪的茅坑。"凡此种种,不一而足。对母语的不敬,可以说到了无以复加的地步。

三、骂人为"公"：施暴者的败笔

笔者一再强调新文化运动的启蒙性质，这是毋庸讳言的。但是在此，笔者更想补充一点，以《新青年》为大本营的新文化运动乃是一场病灶在身的启蒙运动。文化的偏执、论争的偏位、路径的偏至不能不令人忧心忡忡。这不是杞忧。因为透过新文化人司空见惯的文风，我们见到的是公共说理常识的匮乏。新文化运动留下的病灶隐隐作痛、时时发作，这不能不说是启蒙的悲剧。

本来，思想启蒙应该是在自由、平等、尊重、宽容之双向互动中完成的对话。也唯有这样的对话才是文明、公正、良性的进步法则。但是，新青年派的讨论或称说理则完全是以自说自话单方面唯我是尊的形式展开。具体表现就是在与对方辩论中每每以武断、暴戾、专横的模样出现，不惜在漫骂、侮辱、攻讦中牺牲对方的人格。这种对新文化的情绪化的狂热与任性，伴随着霸道和刚愎而横冲直撞。在此，我们可以看出其中的三层逻辑冲动。一是习惯性地认为自己高大上，无比光荣、正确、伟大，所以一说话就充满正义的火气。他们会自负、武断地宣布一些不容怀疑的定理和真理。那一刻的判断给人的感觉是，全世界的真理都掌握在自家手里，自己才是人类的救世主。这样的咄咄逼人来自居高临下的底气。这样，这种变调的启蒙一开始就不会有大的格局，因为它把可能通过说理、讨论掌握的一大批有待觉悟的对象都统统划在了自我的疆界之外。二是爱把广告式的宣传当作启蒙广而告之、放之四海。在这样的广告心态下：你只有相信、认同、应从、喝彩的权利，没有怀疑、质问、指责的权利。否则你就是我的敌人，即使是自己的同人，他们也会以"假想敌"的角色看待，走的是一条"顺我者昌逆我者亡"路线。这样，带病迅跑的启蒙一开始就将偏见、成见通过仇恨情绪的传染，树立了一大片不应有的敌人。更为关键的是，没有论辩对手的启蒙本身就是不健全、不健康、不明亮的启蒙。三是新文化人的这种做派是由一开始就固化的同人小群体即所谓"圈子"造成的。这种圈子意识很难造成更大的启蒙平台。从陈独秀的开始一人担纲（主撰）到"同人杂志"，《新青年》凭的是乡友亲情凝聚起来的帮派来运作文字。在走向公共说理的过程中，虽然他们有着理性成分，但是一有风吹草动，这种靠亲情、义气、同志以及共同信仰结合起来的"私人空间"往往会大于"公共空间"。《新青年》上的"通信"即是将私人领域的想法搬上公共领域的典型。这种公私不分的局面必然造成情理不分的格局。将个人日记、私人通信统统晒于光天化日之下固然通透、明亮，形式上也耳目一新，但如果不是站在公理的视角去说问题，必将启蒙歧化为一种煽动甚至是蛊惑的歪理邪说。因为，将"我与我"（日记）、"我与你"的关系放大到"我与你们"的关系本来就违背了启蒙的逻辑，即使是"我们之间"的放大也有着潜在的风险，更何况以先知、领袖身份自居的启蒙者之无限的自大和膨胀呢？在这三种意义上说，这种"精神股份制"意义上的"新青年派"知识群体最终没有完成启蒙的任务也是咎由自取。一言以蔽之，以"说高尚之理"（《社告》，创刊号）自诩的《新青年》的命运恰恰断送在了那愈攥愈紧的拳头上，而不是摊开的手掌上。

当下，在很多对粗鄙化时代的语言特征追根溯源时，我每每想到五四时期新文化人的狂躁和粗放。这也是本文将"公仇""私恨"作为关键词予以权衡的关键所在。如同我们看到的那样，以"公"的名义释放"正义的火气"，招致的将是天平砝码的失重。

就"公仇"与"私恨"的关系而言，可以这样说，即使是以"公"的名义开骂，也并不意味着有"因公负伤""因公牺牲"的成果、荣耀与光彩。"因公伤人"，无论是骂（伤）人——精神上的诋毁、嘲笑、辱骂等（文斗），还是打（伤）人——肉体上的伤害、残害、加害等（武斗），都是违背公理、负有责任的。撇开"武斗"，即使不动手、只动口的"君子"一旦爆了粗口，结果只能是骂人者声势越大，吵架看似越成功，说理就越乱套、越失败。众所周知，真理的辩论，指的是公共说理。这个说理具有三个最为基本的特征：一是共执性（印刷体），二是公开性，三是开放性。一旦缺少这三味要素中的任何一味，就可能失去原汁原味。以《新青年》上的吵闹而论，由于其将日记和通信这类极具个人领域特征"私（人）"性对话拿来说事儿，因此尽管很有看头、热闹如戏，但往往会在公共领域与私人领域的交缠中跨界甚或马失前蹄。日记，本来是一种极其私人化的自言自语，一般意义上这个私人领域的内心独白是不可"私言公语"的，这如同我们既不提倡公车私用，也不提倡私车公用一样，一旦将"私域"里的私语作为公语"示众"，日记中的"小我"就会过界为具有小团体、小组织、小帮派意义上的"大我"，通信中"你和我"也就会升级为"你们和我们"，从而一切的讨论和辩论不乏放大后的情绪和义气。就此而言，"公仇"意义上的"公骂"也就显得不那么顺理成章，"骂"本身无公私。进而言之，如果硬要强分"公仇"和"私恨"，我们只能说"公仇"比"私恨"更可怕。大凡以"公仇"之名行"正义（的火气）"之实的掐架大都有一个不堪的结局。在很多情况下，无论"仇"或"恨"在公共说理、真理诉求上都没有未来。人类文明史一再证明，假"公"济"私"或说借"公"之美名行罪恶之实的个案举不胜举。唯有放下"火气"、平心静气、心存敬畏的公共说理，才是自由、理性与明亮的对话。如果"破恶"必以"粗口"为代价，这一"以暴易暴"的逻辑换来的不忍卒读的"恶之花"，不能不说是施暴者事与愿违的败笔。

凡此种种，胡适语重心长地写给陈独秀的那段话可以说是集大成的思想史"心得"与"感悟"："我记得民国八年你被拘在警察厅的时候，署名营救你的人中有桐城派古文家马通伯与姚叔节。我记得那晚在桃李园请客的时候，我心中感觉一种高兴，我觉得在这个黑暗社会里还有一线光明：在那个反对白话文学最激烈的空气里，居然有几个古文老辈肯出名保你，这个社会还勉强够得上一个'人的社会'，还有一点人味儿。但这几年以来，却很不同了。不容忍的空气充满了国中。并不是旧实力的不容忍，他们早已没有摧残异己的能力了。最不容忍的乃是一班自命为最新人物的人。我个人这几年就身受了不少的攻击与污蔑。我这回出京两个多月，一路上饱读你的同党少年丑诋我的言论，真开了不少眼界。我是不会惧怕这种诋骂的，但我实在有点悲观。我怕的是这种不容忍的风气造成之后，这个社会要变成一个更残忍更残酷的社会，我们爱自由争自由的人怕没有立足容身之地了。"言下之意，我们时刻警惕的那些不容忍的情绪和冲动一不留神就会蹿出理性的笼子，因为，"公仇"比"私恨"更不堪或说更可怕。

汉字如何成为"亡国灭种"的拖累

——《中国今后之文字问题》导读

刘进才

　　《中国今后之文字问题》一文是钱玄同与陈独秀讨论中国文字改革的通信，刊于 1918 年 4 月 15 日《新青年》第四卷第四号。在这篇文章中，钱玄同提出了"欲使中国不亡""必废汉文"的激进主张，这一振聋发聩的革命性声音可谓一石激起千层浪，附和支持者有之，批判质疑者有之，无论是文化保守主义者还是新文化的积极倡导者，围绕着汉字的存废问题都各自发言，争论激烈。如果想真正把握与了解钱玄同废除汉字的这一主张，就有必要回顾一下晚清以来中国现代语言运动变革的历史脉络，把《中国今后之文字问题》置于这一历史语境中加以考量。

　　我们知道，晚清以降，尤其是进入现代社会以来，灾难深重的中国首先面临的基本问题是如何挽救国家民族日益沉沦的命运，反对强权、救亡图存、开通民智，既是近现代文化的基本主题，也是近代文化源源不断的内在动力。19世纪末逐渐开始的现代语言运动既是以普及教育、动员民众、挽救危亡、富强国家为目的，又蕴含着完善民族文化符号系统、促进民族文化革新与发展的现代性旨归。国语运动包括汉字改革和国语统一两个相互依存、相互推进的方面。汉字改革旨在以逐步走向汉字拼音化的废除汉字运动和汉字简化运动，国语统一旨在以北方方言为基础、以北京话为基本音的汉民族共同语的语言运动。不论是汉字改革还是国语统一，无非都是通过将知识普及于一般民众最终达到民族国家的富强。

国语运动主要从两个层面展开，其一追求言文一致，即推广白话文，达到口头语言和书面语言的一致；其二统一国语，即在全国推广统一的语言，达到语音、语法和文法的统一。前者的目标试图通过倡导白话文学的途径达到，后者主要借助语言学家的努力。事实上，在现代语言变革的过程中，还要解决如何将繁难的汉字变得简单的书写问题。

应该说，近代以来中国知识者的民族国家观念的形成与西方列强的刺激密切相关。以1840年震惊中国士人的鸦片战争这一历史事件为标志，民族问题开始成为困扰中国精英和知识分子的重大问题。尤其是1894年的中日甲午之战，凭借船坚炮利，弹丸之地的日本彻底粉碎了老大帝国的千年神话，"保种图强"的呼声霎时弥漫于朝野之间。值得注意的是，中国最早的一批语言改良者均在1896年即甲午之战后刊布其著作——蔡锡勇的《传音快字》、沈学的《盛世元音》、王炳耀的《拼音字谱》、力捷三的《闽腔快字》，这看似巧合，却大有进一步研讨的兴味。中日甲午之战，更是让中国人为之扼腕喟叹的永远心痛，偌大的中华帝国竟惨败于弹丸之地的日本。痛定思痛之余，危机意识与危亡反省成为一切思想展现的深刻动因。基于"卫国保种"的需要，不同的人士各有一套救亡图存、自新自强的改革方案。维新变法者试图通过自上而下的政治变革呼唤出强大的中国，一些知识者则遵循另一思想理路，为挽救国家民族之危亡，他们意识到启迪民众、开启民智、普及实学的重要性。在设想广建学校、广立学会的同时，自然把目光投注到知识的载体——中国繁难的文字符号上，因方言歧异、文字繁难，知识难以普及于普通民众，这无疑加深了中国的落后状态。这种彻底否定的思想动力日渐弥漫、浸染到对中国固有的语言文字的思考。例如，卢戆章集十多年之功精心研制出"切音新字"，目的在于能让普通的国民迅速识字以普及教育，从而达到国家之富强。

不过，此时的变革者只是意识到方块汉字的繁难、拼音文字的简单易学，切音字的提倡不过是辅助识字罢了，它与汉字具有并列平等的地位，倡导者还没有提出废除汉字的极端主张。晚清切音字方案最初的倡导者认为中国文字不应"自异于万国"的思想主张，流露出通过改革让汉字进入世界的冲动，这可谓是中国文字国际化思想的先声，这一观念在五四以后的文字变革主张中得到淋漓尽致的发挥和张扬。1895年，倡议改良变法的康有为在其《大同书》中，提出了世界语言文字大同的美好想象。康有为的弟子梁启超不仅认识到言文分离造成普及知识的困难，也从"文质"兼顾的角度体悟到另创拼音文字的重要性。

晚清文字改革在普及教育、开启民智的动因下，出现了各自不同的拼音字母方案。不管是卢戆章的"切音新字"、蔡锡勇的"传音快字",还是王炳耀的"拼音字谱"、王照的"官话合声字母",这些不同方案实质上都是针对汉字"言文分离",最终要达到"言文一致"的目标。

从诸多创制拼音字母的方案来看,创制者对于汉字的难读难认尽管有相同的体认,但并未从根本上否认汉字的存在,创制拼音字母的主要目的只是满足迅速普及一般民众知识的需要。创制者对汉字表现出过渡时代特有的矛盾态度,他们一方面觉得"中国字是当今普天下之字之至难者",一方面又倾心于"汉字高深美妙"。比起此后的文字改革者对于汉字的决绝断裂态度,晚清士人对汉字矛盾游移的变革态度打上了过渡时代特有的烙印。然而,拼音文字的倡导和实践,以及对于汉字难读难认的批评,已经开始动摇垄断中国文化数千年、"一点一画无非地义天经"的汉字,为此后呼之欲出的废除汉字思想做好了铺垫。

其实,就在晚清士人进行点滴的汉字改良,迈着游移的步子在中国本土推行拼音字母的时候,远在法国巴黎的中国无政府主义者发出了振聋发聩的"废除汉字""径用万国新语"的革命性主张。

所谓"万国新语",乃当时世界语(Esperanto)的别称,是由波兰语言学家柴门霍夫(Zamenhof, 1859—1917)在印度欧罗巴语系的基础上,吸收欧洲各主要语言的优长于1887年创制而成。即便从1905年在法国布伦召开的第一次国际世界语大会算起,国际语运动也已经走过了百年的历史进程。世界语一经产生,就颇得当时正盛行于法国和德国的无政府主义者的青睐，因为世界语者对于语言的想象和无政府主义者对于世界大同的理想在人类一元主义的框架中获得了不约而同的共鸣。

晚清维新士人的改革汉字、主张拼音文字并未根本颠覆汉字的地位，拼音文字和汉字可以"并行不悖""和平共处"。而新世纪派对于汉字的态度，则是革命性的，他们从文明—野蛮的二元对立观念出发，认为欧西文字较之中国文字优良，从此，"野蛮"成为以后许多废除汉字者抨击汉字的普遍称号。对于欧西文字和方块汉字的认识，由简易—繁难之分到文明—野蛮之别的深刻变化，不但意味着新世纪派对于中国汉字的革命性态度，也显示了支持这种态度所依据的进化论的评价视野。

《新世纪》同人既然把"万国新语"看成是世界上最为优良的语言文字系统，在进化论的视野与框架中以此为摹本改造中国旧有的语言文字似乎显得不言自明了。在他们看来中国舍弃汉语言文字，直接代之以万国新语，其目的并非语言文字本身——因为语言文字被普遍看作是工具而已，而是借此便利的工具更快汲取欧美等异域的文化成就。欧美文化似乎向他们昭示了未来世界的发展方向，是人类进化史上一个崭新的阶段，这种"奋起直追"的急躁心态几乎相伴于20世纪中国的始终，这种心态常常伴随对民族文化的批判与重构，借文化途径以解决中国问题的思路同时落实到对中国语言文字的激进改革上。语言文字被认为是中国文化的病灶，解除了这一病灶，则中国便可以迅速成为西方那样的先进发达之国。

新世纪派废除汉字的声音毕竟发自海外，对国内知识者的影响相当有限，随着欧战结束，世界主义思潮明显高涨，以语言大同相标榜的世界语遂成为趋新知识者的追求目标。五四时期的拼音化运动，在废除汉字的共同主张下却有不同的实施路径，比如主张以罗马字注音代替读音，统一注音字母为汉字注音的。钱玄同则主要延续了新世纪派"径用万国新语"的主张，只不过此时的"万国新语"通常用"Esperanto"称之。钱玄同在1917年6月致陈独秀的公开信中，就从翻译的角度，指出汉字在移译国外人名、地名及专有学术名词的不足，若用汉字译音，总是难以译准，且各国字母发音各不相同，为避免这一困难，提出"只有用世界语之一法"。

语言文字与民族性格、民族精神的密切关联，是许多语言学家早就意识到的，也许正是深切了解二者之间的相关性，经过很长时间的思考，钱玄同发出了足让时人瞠目、也令后人惊叹的宣言，从以前"存汉文并用世界语"一跃而为"废汉文而用世界语"。钱玄同废除汉字主张的背后是对传统文化的反叛，在他看来，汉字是中国传统文化的载体，要想铲除长期以来统治中国的文化痼疾，首先必须废除这一痼疾得以寄生的载体。循此思路，他对中国文字的所谓"野蛮"一一罗列：论其字形，不便于识、写，是象形文字之末流；论其字义，则意义含糊，文法极不精密；论其应用，则难以传达新理、新事、新物之名词。既然汉字不能适用于新的时代，"废除汉文"的"大胆宣言"也就容易理解了。

颇有意味的是，钱玄同废除汉字的主张诉诸"国家"和"民族"。废除汉字似乎是把中国从"野蛮民族"引入"文明民族"的根本途径，废除汉字的问题已不是语言工具的改良问题，乃是关系到民族文化的更新与发展的问题。照钱玄同的逻辑，正是因为语言文字与民族精神和思想的密切关联，所以要斩断民族思想借以藏身的文化符号——方块汉字才能使民族文化得以更新。文章发表之时正值反对传统伦理的新文化运动高涨之际，这一釜底抽薪的论述策略确实痛快淋漓、逻辑严密。

自从钱玄同力主用世界语代替汉文以来，质疑的声音接连而至，这声音不只来自文化守旧者和国粹论者，而且也来自新文化阵营内部。即便新文化运动的新知识者对世界语的态度也多有保留。《新青年》通信栏关于"世界语"的争论最为热烈。即使在赞同者内部，也因实施步骤各异而发生不同程度的争执。钱玄同认为在汉文未废、世界语未行之际，应采用他国如英、法文字作为过渡时代的替代。在《新青年》第五卷第二号的讨论中，任鸿隽指出改良文学与废除汉文的矛盾："《新青年》一面改良文学，一面讲废灭汉文，是否自相矛盾？既要废灭不用，又用力去改良不用的物件。"钱玄同则认为《新青年》同人革新铲旧的文化主张虽大抵相同，而个人的手段与方法不尽一致，并未自相矛盾。对于任鸿隽的质疑，钱氏用一个有趣的比喻回驳道："至于玄同虽主张废灭汉文，然汉文一日未废灭，即一日不可不改良，譬如一所很老很破的屋子，既不可久住，自须另造新物；新屋未曾造之前，居此旧屋之人自不得不将旧屋东补西修以蔽风雨？但绝不能因为旧屋既经修补，便说新屋不该另造也。"废除汉字、直用世界语毕竟困难重重，即便是一度心仪于世界主义的陈独秀也并不完全赞同钱玄同的主张，认为"废国语之说，则益为众人所疑"，"当此过渡时期，惟有先废汉文，且存汉语，而改用罗马字书之"。有人甚至从语言进化论角度批判世界语的"人为"因素："各民族的文字是随公众语言的进化渐渐变成的，不是不根本的语言、几个人私造的。Esperanto 是几个人私造的，不是根本语言进化的。"颇为反讽的是，进化论观念曾是新世纪派人士借以论证世界语合法性的理论资源，到了五四时期，世界语的反对者竟也操起了进化论的武器，这也许是世界语倡导者当初所始料不及的。胡适也极为看重"根本的语言"，并不看好世界语这一"私造的符号"，他认为"把中国现有的语言用字母拼音，是可以做到的，废去中国话，改用别种语言，是做不到的"。他对钱玄同废除汉字、改用世界语的主张多有保留。

也许钱玄同已经感受到推行世界语的艰辛，不久，钱玄同发表《减省汉字笔画的提议》，试图通过采取古字、俗字、假借字以及新造减省笔画字等多种手段补救难识难写的汉字。三年之后，钱玄同正式向教育行政部门提出了"减省现行汉字的笔画案"，原来那种铺张扬厉、"根本解决之根本解决"的废除汉字主张，渐渐被减省笔画所谓"治标"的办法代替。

废除汉文、改用万国新语的激进主张，不管是从革命与进化的"公理"出发，还是出于"天下大同"的世界主义的浪漫想象，最为关键的问题在于未能正视中国当下的具体情况。1919 年的五四学生运动无疑向中国的知识界提醒着"民族"与"国界"的依然存在，伴随着世界大同的万国新语的美好想象也逐渐失去其原有的自信色彩。即使是激进如钱玄同者，也不能不重新调整自己的心态。多年之后，钱玄同本人也放弃了早期的主张，在 1927 年 8 月 2 日致胡适的信中，钱玄同的自我表白浸透着历史的沉痛："我近来思想稍有变动，回想数年前所发谬论，十之八九都成忏悔之资料。"①

我们今天重新阅读钱玄同的《中国今后之文字问题》，当然，历史的发展或许让钱玄同意料不到，中国的汉字不但没有消亡，汉语文化反而借助中国的日渐强大，逐步走向了世界。回顾五四时期聚焦于汉字存废的思想文化论争，我们应该回到历史语境，感同身受地理解以钱玄同为代表的五四一代语言变革者的文化焦虑与文化期待，近代以降的知识分子面对着积贫积弱的现代中国，在洋务运动、制度变革等一再幻灭之后，他们试图借助中国文化变革的途径以解决中国的实际问题，废除汉字的口号背后就是要废除以汉字为载体的中国旧文化。他们的观点现在看来或许激进，中国的汉字尽管没有废除，但却进一步简化了，这不能不归功于他们的倡导。在废除汉字、激烈批判传统文化的呼声中，中国毕竟大量吸纳了域外的新文化，为中国文化的变革与自新汲取了优秀的资源。就此而言，五四一代知识分子的文化使命感与责任担当精神，对于当下的中国仍富有启示意义。

---

① 钱玄同：《钱玄同文集》第 6 卷，中国人民大学出版社 2000 年版，第 118 页。

《新青年》为何错失"左行横迤"的历史机会

——《中文改用横行的讨论》导读

张宝明

《中文改用横行的讨论》是钱玄同①与陈大齐②之间探讨中文横行的来往书信，刊登在 1919 年 11 月 1 日《新青年》第六卷第六号的"通信"栏目上，先由钱玄同致信陈大齐，后陈大齐复函钱玄同，而统之以"中文改用横行的讨论"命名。

自古以来，中国的汉语出版物一般是从右至左、竖排。1917 年 5 月，钱玄同写信给《新青年》同人讨论关于外来语与汉语的对接翻译问题时，顺手牵羊地带出了汉语编辑和印刷的"横写"说法。他反复论说翻译"麻烦""不准"的同时，引出了一个深受其害的编辑例子："中文直下，西文横迤，若

---

① 钱玄同（1887—1939），原名钱夏，字德潜，浙江吴兴人。中国现代思想家、文学家，新文化运动的倡导者。

② 陈大齐（1886—1983），字百年，浙江海盐人。中国现代心理学家，中国现代心理学的先驱。

一行之中有二三西文，譬如有句曰'十九世纪初年 France 有 Napoleon 其人'"，则要"将本子直过来，横过去，搬到四次之多"，显得编辑和作者都不方便、太麻烦。所以他以非常明确的态度率先表态："我固绝对主张汉文须改用左行横迤，如西文写法也。"为了让编辑部同人尽快举手，他又从现代医学的视角大谈特谈：人的眼睛是左右并列的，不是上下垂直的。如果左顾右盼，就十分"省力"；如果上下仰俯，就非常"费力"。从而肯定"横行"比"直行"可行与便利。"右手写字，必自左至右"，这就是教科书从小学起"一律改用横写"的原始资料和由来根据。钱玄同的急切心情得到了陈独秀的公开回答："仆于汉文改用左行横迤及高等书籍中人名地名直用原文不取译音之说，极以为然。"不过，陈独秀这时看到了"多数国民不皆能受中等教育"的问题，显得有些懈怠[1]。

1917 年 8 月 9 日，钱玄同拜访鲁迅并约稿，就在这次约稿时，钱玄同给鲁迅送去了《新青年》近期部分杂志，并告诉他说，《新青年》将要改成横行印刷。这个说法很快得到了周氏兄弟的支持。鲁迅的随感录《渡河与引路》，其实不仅是对白话文的支持，他对"引路"式的文体革命也充满了敬意。当鲁迅将《新青年》介绍给周作人时，周作人也对《新青年》的导向充满兴趣。1918 年 11 月，周作人参加编辑工作后很快进入角色，并以同人名义给读者回信说："来信以为可'竟改作横列'，我却十分赞成。"[2]

关于中文横行的讨论，陈独秀的态度拖泥带水，完全失

---

[1] 《通信》，《新青年》第三卷第三号，1917 年 5 月 1 日。
[2] 《通信》，《新青年》第五卷第六号，1918 年 12 月 15 日。

去了他在文学革命问题上"不容商榷"的一贯性情。1917年8月，就在钱玄同向鲁迅表达过自己一厢情愿的关于"左行横迤"的乐观后，他再度以公开信的形式促使主编以及同人就范："独秀先生：我以前所说要把右行直下的汉文改用左行横迤。先生回答道'极以为然'。现在我想这个意思先生既然赞成，何妨把《新青年》从第四卷第一号起就改用横式！"钱玄同甚至说，我们算不得什么过激领先的"出头鸟"了。以留美学生胡明复、邹秉文、任鸿隽为核心的《科学》1915年创刊时就走在我们前面了。他甚至用激将法刺激主编说："《新青年》杂志拿除旧布新做宗旨，则自己便须实行除旧布新。"你既然认为是"合理"的新法，就应该"做得到""赶紧实行去做""以为社会先导才是"。所以"这改直式为横式虽然是形式上的事情，然而于看、写二层都极有便利，所以我总想先生早日实行"。陈独秀的回答则是："玄同先生：《新青年》改用左行横迤，弟个人的意思，十分赞成。待同发行部和其他社友商量同意即可实行。"①

当时，《新青年》上关于废除汉字以及改用"世界语"的讨论正值高潮。一位名叫朱我农的读者写信给胡适，希望共同反对钱玄同"根除汉字"的过激提法。在这一点上，他和胡适一样要求"按部就班"，一步一个脚印。但同时朱我农也对胡适的观点提出了不同的看法，这个看法恰恰又和钱玄同不谋而合："《新青年》何以不用横行？用横行既可免墨水污袖，又可以安放句读符号。我所见的三四本《新青年》每一页中句读符号错误的地方，至少也有二三处。这就是直行不便用句读

① 《通信》，《新青年》第三卷第六号，1917年8月1日。

符号的证据。"在这个细节上，胡适非常有耐心地做了有的放矢的回答："《新青年》用横行，从前钱玄同先生也提议过。现以所以不曾实行者，因为这个究竟还是一个小节的问题。即如先生所说直行的两种不便：第一'可免墨水污袖'自是小节；第二'可以安放句读符号'固是重要，但直行也并不是绝对的不便用符号。先生所见《新青年》里的符号错误，乃是排印的人没有句读知识之故。《科学》杂志是用横行的，也有无数符号的错误。我个人的意思，以为我们似乎应该练习直行文字的符号句读，以便句读直行的旧书。除了科学书与西洋历史地理等书不能不用横行，其余的中文书报尽可用直行。先生以为何如？"在朱我农和胡适之一番针锋相对的对话后，钱玄同从大局出发做了"附言"："惟《新青年》尚未改用横行的缘故，实因同人意见对于这个问题尚未能一致。将来或者有一日改用，亦未可知。朱先生之提议，在玄同个人，则绝对赞成此说也。"[1]

在自己关于"中文横行"的主张迟迟得不到主编认可和施行的情况下，1919年年底，钱玄同求助于陈大齐，请求陈大齐从生理学角度，进一步论述中文横行的优越性，这也即是以"中文改用横行的讨论"命名的这一来往信件。

在钱玄同致陈大齐的信中，钱玄同在开头就表明自己的立场，表示自己"狠主张写中字应该照写西洋字的样子，改直行为横行"。紧接着就应用一方面列举了"改直行为横行"三点理由：

第一，今后的中文书中必定常常要嵌进西文，对于那些

---

[1] 《通信》，《新青年》第五卷第二号，1918年8月15日。

译不正确的名词，如 Logic、Democracy 等，译为"论理学""民本主义"，则意义不正确；译为"逻辑""德莫克拉西"，则需写上许多复杂的笔画，麻烦讨厌，难于记忆。因此"应该老老实实写西文原字"，而"西文既不能改写直行，则惟有把中文改写横行之一法。否则一行里面，要是嵌进了五六个西文，写的时候，看的时候，要把书本直搬横搬，手也吃力，眼睛也眩乱，嘴里又不能一口气读将下去，毫无理由，白白吃苦，真正冤枉极了"。

第二，"中文字形是整方的，本来可横可直，在不写西文的文章里，似乎直行也未尝不可。但是中文写法，还有一层不便之处，则自右而左是也。因为自右而左，所以写第二行的时候，手腕就碰在第一行上；要是遇到不容易吸墨的纸，则第一行未干的墨迹，都要印在手腕上了。若改自右而左为自上而下，则可免此病"。

第三，现在既然主张今后的中文非加标点符号不可，那就应该明白"在印刷方面，排横行加标点符号，比排直行加标点符号要便利"。

在信的结尾处，钱玄同请求陈大齐将二人在当年春天谈话时，陈大齐所说的"就生理学方面研究起来，看横行比较看直行要不费力"的理由告诉钱玄同，以便为"改直行为横行"提供生理证明和学理依据。

陈大齐按照钱玄同的请求，从生理学视角出发，在回信中阐述道："我们读书，除了那盲人以外，总是用眼睛看的。但是照生理学上说起来，那眼球的各部分并不是有同样的视力。网膜的正中点看东西最明白，周围的部分都不及他；这一点叫做中央小窝（Focus）。因为中央小窝看东西最明白，所以我们看东西的时候，总要把他的像映到中央小窝上去。"而"身体上无论那一部分的运动，都靠着筋肉的伸缩，眼球也是如此。眼球所靠的有六条筋肉：内直筋，外直筋，上直筋，下直筋，上斜筋，下斜筋。眼球往左或往右的时候，只要有一条筋肉作用，便能发生运动的现象。至于往上或往下的时候，单有一条筋肉作用，不能发生运动。往上的时候，一定要上直筋和下斜筋共同作；往下的时候，一定要下直筋和上斜筋共同作用。所以眼球的左右运动只靠两条筋肉的作用，眼球的上下运动却靠两条筋肉的复合作用。单有一条筋肉作用，用力较小；用力小，自然是较为安逸，较为容易。要两条筋肉共同作用，用力便大；用力大了，自然是较为劳苦，较为困难"。

紧接着他还举了一个例子："我们画一个很精确的正方形在纸上，我们试拿来一看，总觉得左右的两条边较长，上下的两条边较短。明明是一个正方形，我们看过去，却变成了一个长方形，不是正方形了。这是什么缘故呢？正因为上下看较为劳苦，较为困难，左右看较为安逸，较为容易，两方一比较，便生出一长一短来了。正如我们走路，同是走十里路，初走的时候，人还不曾疲倦，十里路不觉得远，走到后来，人疲倦了，十里路便觉得很远。现在把这左右看容易、上下看困难的道理应用到读书上面去，便可知道横读容易，直读困难。"

针对有人说"我们直读并不觉得比横读困难"，陈大齐也承认这话有道理。他说这是因为我们读书的人"已经"养成了直读的习惯，如果刚刚学习，而没有受过训练的人一定习惯于横读："倘然就那些没有读书的人——直读、横读的习惯都没有的人——而论，横读一定比直读要便利；这是就上文所说的可以推想而知的。再进一步说，假如我们从小便养成了横读的习惯，则现在读书一定也比现在的直读要便利许多。总而言之，直读已经成了习惯，自然不觉得不便利，假使直读、横读都未成习惯，或都成了同程度的习惯，则横读一定较为便利。"

总之，在陈大齐看来，横读是比较"经济"的习惯，即使那"不经济"的直读习惯已经养成，也应该将其打破，进而用今天的"经济"来换取明天那不必要的代价。

尽管钱玄同和陈大齐的讨论头头是道、振振有词，但中文横行仍然难以兑现。中文横行作为《新青年》的一个办刊方向，直到停刊前的倒数第三期还有张东民《华文横行的商榷》一文发表。作者以"横行法合卫生""横行字易读""横行字有美观"为由力陈其中的可行性、科学性、可信性[①]。令人惋惜的是，《新青年》在发表了这篇关于"华文横行"的文章后，只出版了两期就休刊了。在笔者看来，作为新文化元典的《新青年》将新文化的一项重要工作——中文横排——留给了同时期的杂志和后人，这不能不说是一个历史的遗憾。

---

① 张东民:《华文横行的商榷》,《新青年》第九卷第四号，1921 年 8 月 1 日。

以诗人的姿态践行写实的文学

——读刘半农《相隔一层纸》

张选军

新文化运动的影响遍及中国社会的各个方面，尤其对世人思想精神层面产生的影响最大。而文学革命作为新文化运动的重要内容对中国传统文学的冲击和颠覆更是显著。新文学思潮的引领下，重造中国新文学成为一切有志于改变中国的文化知识分子的集中追求。而这些文坛闯将之一的刘半农先生更是积极响应新文化运动主将的号召，以实际诗歌创作和对于诗歌理论的思考奠定了在中国新诗发展过程中的地位。

刘半农出现在诗坛的时间在 1918 年至 1928 年，这一期间的新诗，可以说是"尝试期"，这个阶段，诗人们激情有余而有效实践不足，他们的缺点往往集中表现在对形式的改变和创新，而未能深入到对诗歌内在本质的思考和把握，常常流于概念的直陈，缺乏内在情感思想的形象化表达，相当一部分作品事实上只能算是白话散文的陈述，严格意义上还不能算是诗。这些问题在胡适、康白情、俞平伯等人身上尤为明显，胡适也因此而表示他的新诗只在于开拓风气，言下之意内容并不是他的追求所在，这一点我们从胡适的《两只蝴蝶》就可见一斑了。但是有先天诗人气质和才情的刘半农却不一样，他在《新青年》上先后发表的《我之文学改良观》《诗与小说精神之革新》两篇文章，对当时中国文学的变革和发展提出自己的见解，还以自己深厚的文化修养在广泛吸收和借鉴中外文学资源的基础上，构建了他的新诗理论，并以实际诗歌创作践行自己的诗歌理论。发表在1918年1月《新青年》第四卷第一号上的《相隔一层纸》成为白话新诗的典范，这首诗的成功很大程度上在于刘半农在诗歌形式上的创新和对诗歌内在本质的深刻把握，而这也正是刘半农为中国诗歌从旧体诗向新体诗的转变做出的积极贡献。

《相隔一层纸》作为刘半农甚至是新文学发展过程中新诗的代表作，自有它的价值和意义，我们不妨结合这首诗歌来重温刘半农先生的新诗主张并以此来观照他的诗人情怀。在诗歌的形式改革上，刘半农提倡改造旧诗体，要求新诗创作要敢于"破坏旧韵，重造新韵"，摆脱古体诗歌韵律格式等形式上的严格限制，同时借鉴国外散文诗的形式来丰富新诗诗体。与此同时，他还提出新诗创作要敢于从民间歌谣中汲取营养，借助民间歌谣中的独白、对白、重叠反复等手法来拓展新诗的创作形式。比如，"老爷吩咐开窗买水果，说'天气不冷火太热，别任它烤坏了我'"等对白式的语言，叫花子对着北风呼"要死"等独白式的语言。除了地道的白话文表达外，在诗歌中运用语言对白，的确是一种崭新的尝试。另外

"火""果""我""子""死""里""纸"等仍带有押韵的形式，四句一段，全诗两个段落，虽有传统诗歌押韵、句数，但在形式上却不再呆板，相反在新的形式中带有点传统的韵味，收到很好的抒情效果。这不能不说是刘半农在新诗创作中对于传统诗歌的继承和创新。这样的诗歌体式在刘半农的创作中还有很多。《扬鞭集》中有各式各样的诗歌样式，有模仿古乐府诗歌的，有借鉴外国散文诗的，有参照民歌的，还有长诗等，这些诗歌样式在很大程度上表明刘半农在"增多诗体"上的探索是成功的。除增强诗歌的艺术张力和美学效应外，还为诗歌的情感表现提供了更为宽广自由的空间。

在诗歌的精神内容上，刘半农特别推崇诗歌创作要追求一个"真"字。他认为，时代有古今，物质有新旧，这个真字，却是唯一无二，断断不随着时代变化的。刘半农在这里提出的"真"字，实际上就是对于诗歌反映生活、反映真情实感的要求。梳理那个时期从事诗歌创作的诗人作品，刘半农应该是一位较早以诗人的姿态，自觉地耕耘在现实主义广阔原野之上的诗人。从某种程度上说，真实是现实主义文学的生命，刘半农的诗歌理论中虽然没有"现实主义"这个概念，但是却以自己的诗歌实践来表达他对诗歌反映现实的创作诉求，也是以自己的创作实践来显示同时代弥漫于旧诗坛的那种矫揉、萎靡、颓废的景象，让那些"虚伪文字"以及背后的"虚伪道德"和"虚伪世界"相形见绌。《相隔一层纸》第一段写的是富人老爷烤着火炉，还要着水果，担心炉火烤坏了他；第二段写的是穷人叫花子在凛冽的北风呼啸中，咬紧牙关对着北风呼叫"要死"。这两种生活现象被作家就这样简单地罗列于诗篇，富人那种养尊处优的生活与穷人那种忍饥挨寒的处境形成鲜明对比。同样生而为人，生活却给了他们不一样的境况，似乎是"朱门酒肉臭，路有冻死骨"的现实翻版。当然诗歌如果仅就两种人生的简单罗列，似乎还不能达到想要表达的效果，最后两句："可怜屋外与屋里，相隔只有一层薄纸！"通过"一层薄纸"将这个社会两个阶层迥然不同的生活处境刻画得入木三分，"可怜"一词更是作者主观真情的抒发。写真事，抒真情，刘半农提出诗歌创作必须追求的"真"字在这里得到充分的表达。

刘半农以自己的诗歌创作践行着诗歌求"真"的理念，一方面他把下层百姓的艰辛生活、普通劳动者的生活体验作为自己书写的对象，富有鲜明的现实主义色彩。现实主义文学的基本特点，就是要求按照现实生活的本来面目、自然规律再现出来，如同刘半农所说的，把现实和思想中最真的一点表现出来。在刘半农笔下还有很多这样的"真"的现实和"真"的情感。比如，饱受凌辱的学徒的苦楚生活；卖菜人穿街过巷，声声叫卖的惨境读来催人泪下，让人同情；奶娘只能在"梦里看见拍着自己的孩子"，令人心酸；穷孩子饥饿的痛苦；科学家的走投无路，让人沉思。诗人还涉及不幸的妓女、可怜的弃婴、无家可归的士兵、悲哀的牧羊儿……他的诗笔一开始就伸向了中国社会的最底层，真实具体地描写了下层人民的苦难，揭露了旧社会的不合理，表现了对人民的深切同情。在表现他们真实生活的基础上，着力将批判的锋芒指向不平等的社会现实；另一方面他在诗歌中也有对至情至性的抒写，赞扬现实生活中散发着淳朴、善良气息的美好人性，让人们在艰难不幸的生活中还能感受到丝丝温暖和向上的力量。比如，刘半农不少诗歌着力刻画劳动人民的形象，歌颂他们的勤劳、高贵，让人从中看见希望。《铁匠》为我们塑造了铁匠的形象。铁匠勤劳、勇敢，要用他的铁锤打出一个新世界："小门里时时闪出红光"，"飞射在漆黑的地上"，小手工业者身上的优秀品质，让我们看到了希望。

总体看来，刘半农新文化运动期间积极响应主将们的号召，积极投身并执着探索新诗的创作，以自己创作实绩向世人展示，原来新诗除了可以完全摆脱旧体诗的种种羁绊和束缚，在形式上可以有更多更大的空间，在内容上可以更为丰富。刘半农以一个诗人的姿态，开拓了一个属于他自己、属于那个时代、也属于现在、甚至还属于将来的"真诗世界"，这其中所表现出来的勇气、执着、创新等精神或许比诗歌本身对于后人有着更大的价值和意义，正如鲁迅所言："没有冲破一切传统思想和手法的闯将，中国是不会有真的新文艺的。"

"她"从哪里来?

——现代女性指称的源流考释

张宝明

"她",应该说是这个世界的另一半。但"她"与"他"却不可同日而语。我们知道,在沿袭几千年的古代汉语里,是没有"她"可言的。"伊"字则是"她"的代言人。"蒹葭苍苍,白露为霜,所谓伊人,在水一方"(《诗经·秦风·蒹葭》)中的"伊"就是一个典型的字眼。直到新文化元典《新青年》诞生并带领新文化运动进至高潮,"她"才逐渐取代"伊"。作为在新文化元典石破天惊的情势下"迸"出来而且衣着时尚的"她",究竟第一次闪亮登场是在何时何地?流行的"她"诞生于中国现代文学之中的背景如何?香气扑鼻的"她"究竟由谁最先"挑"起?我们从刘半农以及《"她"字问题》慢慢谈起。

一、"教我如何不想她"的"她"不是处女"她"

关于刘半农与"她"的关系，不少人将其与《教我如何不想她》联系起来。不必讳言，"她"的诞生的确出自《教我如何不想她》的作者之手。这个《教我如何不想她》的创作又是以刘半农留学英伦为背景的。人在旅途，身处他乡，怀着对故国家园的思念，刘半农将个人的思乡感情与对祖国的怀念之情编织在一起，写出了以"她"为对象的情诗。诗中写道：

> 天上飘着些微云，地上吹着些微风啊，微风吹动了我头发，教我如何不想她！
> 目光恋爱着海洋，海洋恋爱着目光。啊，这般蜜也似的银夜，教我如何不想她！
> 水面落花漫漫流，水底鱼儿慢慢游。啊，燕子，你说些什么话，教我如何不想她！
> 枯树在冷风里摇，野火在暮色中烧。啊，西天还有些残霞，教我如何不想她？

这四个声声呼唤的"她"字，带着英伦留洋赤子如泣如诉的情感，漂洋过海回到了祖国，时值 1920 年 9 月。英国伦敦的许多留学生都为刘半农的情诗所感动，众生吟诵。主攻语言学的赵元任还专门为"她"谱写了乐曲。从此，《教我如何不想她》不胫而走，广为流传。

也许是《教我如何不想她》太过盛名，刘半农的第一个"她"字多以"诗"传，于是"她"便以讹传讹地成为《教我如何不想她》元典"她"的出处。

还有人从"历史"事实出发，在《新青年》上找到了刘半农白话文中第一次用"她"字的诗歌《一个小农家的暮》，以为这便是确凿的证据。你看："她在灶下煮饭，新砍的山柴，必必剥剥的响。灶门里嫣红的火光，闪着她嫣红的脸，闪红了她青布的衣裳。他衔着个十年的烟斗，慢慢地从田里回来；屋角里挂去了锄头，便坐在稻床上，调弄着只亲人的狗。""她"和"他"分庭抗礼，显示出了男女性别的不同代称。因此，很多文章就又把 1921 年 2 月 7 日写于伦敦并发表于 1921 年 8 月 1 日《新青年》第九卷第四号上的《一个小农家的暮》看作处女"她"。

然而，"事实"有时候并不完全等同于"历史"。《一个小农家的暮》中出现的"她"已经是历尽沧桑、千呼万唤的"她"了。根据笔者的文本阅读，"她"在新文化元典中的最早使用是在《新青年》第八卷第三号上由俞平伯撰写的诗歌《题在绍兴柯严照的相片上》。诗的开头一句的第一个字就由"她"领衔："她含着所谓的我；我却藏住另外一个她。"这首诗歌的发表时间是 1920 年 11 月 1 日。值得说明的是，在小说中最早使用"她"字的是茅盾（沈雁冰）。他在翻译法国作家莫泊三（桑）小说《西门底爸爸》中率先使用，时间是 1921 年 5 月 1 日。刘复（半农）虽然也接踵而至，但却不是最早付诸实践的。尽管 1920 年 9 月刘半农的《教我如何不想她》已经成诗，但毕竟没有正式铅字付梓。在此之前，很多新文学作家即使抹去"伊"字的传统印记，最多也只能以"他"后缀上一个"女"以表示"她"，诸如较为前卫而且具有代表性的美文作家周作人在翻译丹麦著名作家安徒生的童话《卖火柴的女儿》时还是用"他女"来代表那个"小女孩"。

二、"她"字来源于女子自身的"贞操论"

《新青年》上提倡"她"字应该说是与女子贞操问题的讨论息息相关。众所周知，《新青年》是最早提倡妇女解放的杂志之一，而且还是最早讨论女子贞操问题的先锋刊物。1918 年 5 月 15 日，由周作人翻译的日本著名作家与谢野晶子的《贞操论》在《新青年》上发表，从而把"男女问题"中诸如平等、深交、同校等问题——揭示出来。女子在中国传统中的地位不言而喻，时下女子的地位则成为新文化、新伦理、新文学先驱最为关注的话题。与一般意义上的反传统没有什么两样，《新青年》派的人物同样是借助外来思潮的星星之火点燃同人的燎原思绪。在《新青年》登了半年广告征集关于"女子问题"的文章而寂然无声后，周作人便翻译了与谢野晶子的《贞操论》。虽然文章中还是以"他"称呼与谢野晶子，但要为女性寻找一席之地，并让"他"与"她"并行不悖的目的却是非常明确的。

《贞操论》意在说理："倘这贞操道德，同人生的进行发展，不生抵触，而且有益；那时我们当他新道德，极欢迎他。若单是女子当守，男子可以宽假；那便是有抵触，便是反使人生破绽失调的旧式道德，我们不能信赖他，又如不能强使人人遵守；因为境遇体质不同，也定有宽严的差别；倘教人人强守，反使大多数的人，受虚伪压制不正不幸的苦；那时也就不能当作我们所要求的新道德。"对执意寻求新道德的"新青年派"同人来说，男女的各占半边的"半边天"意识已经为"她"的到来做了厚重的铺垫。接着，胡适的《贞操问题》在《新青年》第五卷第一号上发表。胡适进一步发挥了"一对一"的男女贞操观念："贞操不是个人的事，乃是人对人的事；不是一方面的事，乃是双方面的事，女子尊重男子的爱情，心思专一，不肯再爱别人，这就是贞操。贞操是一个'人'对别一个'人'的一种态度。因为如此，男子对于女子，也该有同等的态度。若男不能照样还敬，他就是不配受这种贞操的待遇。"随后，鲁迅的《我之节烈观》以及蓝志先、周作人、胡适等公开信中关于这一话题的讨论更是将"女子问题"推向前台。不难看出，"她"字的出现已是"未成曲调先有情"，思想内容决定了表现形式。

1919 年 4 月 15 日，《新青年》第六卷第四号在扉页上以"新青年记者启事"的名义发布《女子问题》公告。公告认为，一切社会问题、家族制度问题无不与"女子问题"有关，所以女子问题乃是今日社会的一大重要问题。为了让男子"越俎代庖"的局面成为过去，"女子教育""女子职业""女子结婚""离婚""再醮""姑息同居""独身生活""避妊""女子参政""女子权利"等都需要一一重新评估。在这样的"女权"形势下，具有思想史意义的"她"字呼之欲出。闪亮登场的"她"如同今天的选美，内在的情思决定了外在的气质，而且是二者的有机统一。

1920 年，远在海外的刘半农在与同学好友的讨论中形成了《"她"字问题》一文，这也是他实践《教我如何不想她》的理论前奏曲。刘半农在伦敦将《"她"字问题》随即寄给上海《时事新报》"学灯"。《"她"字问题》成文于 1920 年 6 月 6 日，发表于 1920 年 8 月 9 日。遗憾的是，他理论指导下的"实绩"没有很快在报刊上发表。不过，这时的"她"和"牠"已经在此得到了充分的表述。他坐而论"她"："一、中国文字中，要不要有一个第三位阴性代词？二、如其要的，我们能不能就用'她'字？……我现在还觉得第三位代词，除'她'字外，应当再取一个'牠'字，以代无生物。"刘半农的"她"创造一时被闹得沸沸扬扬。首先是一篇署名寒冰的《这是刘半农的错》的文章发表在《新人》杂志上。他将"她"的描画说成是画蛇添足。不久，上海《时事新报》"学灯"发表一篇署名孙祖基的《"她"字的研究》，对刘半农先生的创造表示支持。可是，很快又有了寒冰的追杀性文字《驳"她"字的研究》。或许正是由于有了如此这般的炒作，才有了"她"字在今天的立足。

正是由于刘半农对"她"字情有独钟，所以他对"她"这半边天具有"男娲"补天之功。鲁迅在 20 世纪 30 年代的一篇杂文《回忆刘半农君》中深情地说："他活泼、勇敢，打了几个大仗。譬如吧，'她'和'它'字的创造，就都是的。现在看起来，自然是琐屑得很，但那是十年前，单是提倡新式标点，就会有一大群人，如丧考'妣'，恨不得'食肉寝皮'，所以的确是大仗。现在二十岁左右的青年人，大约很少有人知道三十年前，单是剪下辫子，就会坐牢或杀头的。"

必须看到，尽管"她"为刘半农所炮制，我们想起"她"也不能不想"他"，但是上面我们提到的一些掌故、典故或史籍并不是"她"字的源头始祖。

刘半农的奇思妙想，早在1918年8月之前就萌发了。只是在此之前一直处于"犹抱琵琶半遮面"的扭捏状态而已。

三、蓦然回首："她"在灯火阑珊处

怪才乎？刘半农究竟何许人氏？刘半农，名复，以字行。1891年出生于江苏省江阴市。他是《新青年》的重要同人、新文化运动的先驱、新诗人、杂文家和著名的语言学家。因为编撰有民歌《瓦釜集》，所以以"半农"自居。刘半农曾留学英国和法国，主攻语言学，著有《中国文法通论》《四声实验录》等。1926年回国任北京大学教授。1934年在北京病逝。

早期白话文，"他""伊""他（女）"都做第三人称代词。这种混乱的书写方式给译文和白话文创作带来了诸多不便。外来语英文中的第三人称代词是分阳性、阴性和中性的（he，she，it），汉语难以对译。译文较多的日文也常遇这种尴尬的情形。早在1918年8月之前，刘半农就私下与友人和同人交流过，至少周作人就是知情人之一。1918年8月15日，《新青年》第五卷第二号正值讨论男女权利平等的高潮时期，周作人翻译的瑞典作家August Strindberg的小说《改革》发表了。

译者在译文前特别加上了一段关于"中国第三人称"的说明。其中透露了刘半农的一个个人创意或说大胆构想:"中国第三人称代名词没有性的分别,很觉不便。半农想造一个'她'字,和'他'字并用,这原是极好;日本用'彼女'(Kanojo)与'彼'(Kare)对待,也是近来新造。起初也觉生硬,用惯了就没有什么了。现在只怕'女'旁一个'也'字,印刷所里没有,新铸许多也为难,所以不能决心用他;姑且用杜撰的法子,在'他'字下注一个'女'字来代。这事还得从长计议才好。"译成汉语的《改革》虽然还是用"他女"当作"她"用,但刘半农的"她"之造字已经有了知音——只是因为"活字"不便"印刷"才没有"上市"罢了。

这就是"她"字在中国文字史上的最早尝试的理论雏形了。

时至1919年2月,《新青年》已经出版到第六卷第二号。"她"的问题再度提到了重要日程。这个发难来自钱玄同对周作人"she"译法的请求"指教"和"答复":"你译小说,于第三身的女性人称代名词写作'他女',我想这究竟不甚好,还是读'他'一个字的音呢,还是读'他女'两个字的音呢?"

当时译文中的女性、女权、妇女问题很多,而且它们也是新文化元典的一个"新"的重要组成部分。由于用"伊"字有守旧、文言尾巴之嫌,所以对代表女性的、与男性第三人称又有区别的"ta"千呼万唤。在"限制旧汉字"和"添造新汉字"之间,究竟何去何从,钱玄同和周作人两人各自都有过一番仔细的斟酌。周作人的回答是:"我的意思是读作'他','女'字只是个符号。我译《改革》这篇小说时,曾经说明,赞成半农那个'她'字，因为怕排印为难，所以改作这样。"针对周作人对刘半农之"她"的认可，钱玄同很是自以为是说："照半农的意思，造一个新字。但半农所要造的'她'字，我以为不甚好；因为这字右半的'也'字，要作'他'字用。"为此他要造一个新字："女"字旁加一个"它"，即"她"。

周作人在钱玄同提出这个意见后，开始摇摆。于是，两间余一卒的摇摆使他再度提出以"伊"字定案："我既然将'她'字分开，写作'他女'用了，如用本字，自然没有不赞成的道理。照你说造一'她'字，文字学上的理由更为充足，我也极赞成。但这仍是眼的文字，还有点不足；所以非将他定一个与'他'字不同的声音才好。你前天当面和我说的，他读作 ta，'她'读作'te'，也是一种办法。我又想到古文中有一个'伊'字，现在除了伊尹、孙洪伊等人名以外，用处很少，在方言里却尚有许多留遗的声音。我们何妨就将这'伊'字定作第三身女性代名词，既不必叫印刷局新铸，声音与'他'字又有分别，似乎一举两得。不知你以为如何？"①

在一个标新立异的转型时代，人人都怀着无限的超越癖进行创新。歧义归歧义，历史注定了从一而择的规律。在钱玄同的激烈、刘半农的执着、周作人的折中中，"他女""她""它"都壮烈牺牲，只有"她"技压群芳，脱颖而出。

现代白话文中流行的"她"乃是刘半农个人的创意。唯其如此，我们才能将理论上的"她"与实践上"教我如何不想她"的"她"统一起来。最后，笔者特别想指出的是，"她"的出现

---

① 周作人：《英文"SHE"字译法之商榷》，《新青年》第六卷第二号，1919 年 2 月 15 日。

是女性解放、男女平等的思想史上的里程碑。"她"绝对不是一个字的形式创意问题，可以毫不夸张地说，在"她"身上灌注着生气淋漓的现代性。

"人的文学"的意义：现代人道主义思潮运动的发轫

张先飞

新文化运动时期，作为"新青年"派重要的代表人物，周作人最早将现代人道主义观念引入中国新思想界，1918 年 12 月 7 日周作人所作《人的文学》是首篇重要文献 ①。关于《人的文学》的历史定位，胡适仅将其视为"当时关于改革文学内容的一篇最重要的宣言"，在他看来，"周先生把我们那个时代所要提倡的种种文学内容，都包括在一个中心观念里，这个观念他叫作'人的文学'"②。简言之，在胡适看来，在"新青年"派提倡、宣传新文学陷入瓶颈的关键性时刻，即新文学在思想方面亟须确立主导方向与稳定目标之时，周作人用一个"中心观念"容纳与涵盖了以往"新青年"派关于新文学思想特质的各类混杂的认识、判断，并建构起了较为系统、完整的文学观念。胡适的看法明显低估了周作人工作的意义，因为周作人提出"人的文学"观念的初衷，绝非只是为新文学发展打

---

① 周作人：《人的文学》，《新青年》第五卷第六号，1918 年 12 月 15 日。

② 胡适：《〈中国新文学大系·建设理论集〉导言》，《中国新文学大系·建设理论集》，上海良友图书印刷公司 1935 年版，第 29~30 页。

开僵局，其实他是在有意担负起更为重大的现实责任，即欲借宣扬现代人道主义"真理"为世界及中国的改造服务，这才是提出"人的文学"观念的更为准确的历史意义。我们可以清楚看到，周作人在《人的文学》中对现代人道主义观念做了最为凝练的表述，提出了全面、综合的思想方案，将人道主义理想、社会改造理念、科学"人学"观念、"为主义的艺术"观等全部纳入"人的文学"的中心观念当中，使《人的文学》成为了现代人道主义观念的总纲。关于"人的文学"中心观念所包含的全部细目，周作人在五四时期都有过详细阐释与论述，对此拙著《"人"的发现："五四"文学现代人道主义思潮源流》曾做出深入研究。很明显，在"人的文学"观念中，文学工作是作为现代人道主义社会改造整体思潮运动的有机组成部分而存在，被明确定位为理想社会改造最重要的途径与手段。正是基于这样一种认知，周作人完全根据现代人道主义理论及实践的要求为文学制定新的评价标准，划定人道的与非人道的文学的界限，以期建构唯一符合时代要求，能够推动现代人道主义理想社会实践的"人的文学"。周作人并代表新文学界首次斩钉截铁地表明态度：我们所需要的文学，就是以"人道主义为本"的文学[1]。综上所论，《人的文学》的出现具有多方面重大的理论与实践意义，一方面，《人的文学》的出现成为五四现代人道主义思潮运动的起点，另一方面，它也自然而然地成为五四前期人道主义文学——"人的文学"的真正起点，从而替初期新文学在思想内容方面划定了范围，确定了走向，并提供了强大的推动力。

---

[1]　周作人:《人的文学》,《新青年》第五卷第六号，1918 年 12 月 15 日。

"新青年"派另一重要人物胡适曾敏锐观察到一战后整个世界思想的巨大变动："人类正从一个'非人的'血战里逃出来，世界正在起一种激烈的变化。在这个激烈的变化里，许多制度与思想又都得经过一种'重新估价'。"①而周作人《人的文学》所提出的较为完整的现代人道主义思想方案，正是一战后现代人道主义思潮的最新发展形态，是当时整个世界范围内思想观念巨大变革的重要成果。应该说，这才是"人的文学"观准确的时代定位。不过，高度评价《人的文学》历史地位的胡适，对"人的文学"内涵及时代意义的判断并不准确。他对"人的文学"的理解基本局限于"人间本位"的层面，认为"所谓'人的文学'，说来极平常，只是那些主张'人情以内，人力以内'的'人的道德'的文学"，这一评价明显低估了"人的文学"观的思想价值，更未能恰切领会周作人所提出的完整的现代人道主义思想方案的内涵与意义，甚至还发生对时代的错判。他错误地认为，以他个人倡导的新思想和周作人"人的文学"观为代表的五四精神属于"这个激烈的变化"之前时代的思想成果，而没有看清五四正是"这个激烈的变化"的一部分②。

　　基于这种不尽准确的时代判断，胡适在总结"人的文学"主要内容时，又将"人的文学"的独特"个人主义"观的形成，错误地归功于自己 1918 年 5 月 16 日所作《易卜生主义》。不

---

① 胡适：《〈中国新文学大系·建设理论集〉导言》，《中国新文学大系·建设理论集》，上海良友图书印刷公司 1935 年版，第 30 页。

② 胡适：《〈中国新文学大系·建设理论集〉导言》，《中国新文学大系·建设理论集》，上海良友图书印刷公司 1935 年版，第 30 页。

过当我们仔细研读《易卜生主义》后就会发现，经胡适归纳及深入阐释的"健全的个人主义"观，并不太符合易卜生思想实际，其实多为自由主义关于个人意志、自由等的老生常谈，在西方的思想发展脉络中，要远早于周作人确信的"个人""人类"一体的现代人道主义的"大人类主义"观，甚至要早于"新神思宗"的时代[1]。与胡适相较，五四新思想家、文艺家的"个人主义"认知，更多的是新世纪的崭新观念，有些人还直接受到周作人的影响，因此他们对于作为"个人主义"代表的娜拉、斯铎曼医生的理解，与胡适的解读往往具有较大差异[2]。

关于"新青年"社存在着"公同信仰"，也是胡适的历史总结，不过他所指的仅仅是"人的文学"观的"个人主义的人间本位"立场[3]，未能准确判断出以"人的文学"观为核心的现代人道主义观念才是"新青年"社真正的"公同信仰"。胡适未能做出准确判断，很大程度上缘于他并不认同1919年年底"新青年"同人朝现代人道主义社会改造观念及实践的总体性转向。

"人的文学"观念的提出在"新青年"派现代人道主义"公同信仰"形成过程中具有举足轻重的作用，从《人的文学》发表伊始，周作人对现代人道主义观念理论形态的完整构造，不仅为共识观的形成奠定了核心理论基础——建造起主要的理论框架，提供了基本的观念系统等——同时也为形成内容

---

[1] 鲁迅在1908年的《文化偏至论》中将易卜生归入"新神思宗"的行列。迅行（鲁迅）:《文化偏至论》,《河南》第七期，1908年8月。

[2] 胡适:《易卜生主义》,《新青年》第四卷第六号，1918年6月15日。

[3] 胡适:《〈中国新文学大系·建设理论集〉导言》,《中国新文学大系·建设理论集》,上海良友图书印刷公司1935年版，第30页。

涵盖更为丰富、观念范围更加宽广的现代人道主义思想共识提供了巨大的理论发展空间。这是因为"人的文学"观的系统思考本身具有巨大的"包容性"，作为一战后新的时代之声，"人的文学"的"中心观念"贯注了世界上最新流行的人道主义、世界主义、和平主义改造等多种各具差异的不同类型的观念，它们经由"人的文学"核心理念的改造或重释，便可暂时和谐共处，正是这种"包容性"的特质使"人的文学"的系统观念具有巨大的潜在发展空间，完全能够以它为基础建立起新的观念大厦。

不过"人的文学"观念的这种"包容性"是十分脆弱的，因为各种暂时和谐共处的理论样式在未经改造之前，其原来的观念形态相互之间共性少、差异多，甚至在理论逻辑与现实判断层面存在着大量矛盾分歧，这一实际状况决定了作为一种观念集合体的"人的文学"潜藏着极度的不稳定性。这些从 1921 年 6 月 5 日周作人病中对自身思想冲突的陈说中不难看出，他抱怨在头脑中同时并存着各种差异巨大的理念，如"托尔斯泰的无我爱与尼采的超人，共同生活主义与善种学，耶佛孔老的教训与科学的例证"，而将这些观念和谐稳妥地安置往往令其烦恼异常[①]。实际上，在五四前期，周作人等人之所以能维持"人的文学"观念结构的暂时稳定，完全是因为他们对即将到来的理想世界充盈着强烈期许与信仰，于是才能寻找到令各类观念暂且达成折中的平衡点。

以周作人"人的文学"观为主要理论代表的现代人道主义观，在 1919 年 6 月 11 日陈独秀被捕事件后，受到"新青年"

---

① 仲密（周作人）：《山中杂信·一》，《晨报·副刊》，1921 年 6 月 7 日。

派同人的极度青睐。而"人的文学"观所展现出的巨大理论"包容性",也给予"新青年"派理论家们较大的理论发展空间,可以允许他们改造自己已有的一些思想成果,并将之纳入新的现代人道主义理论创新中。自然,最终的结果就是形成一种较之"人的文学"观"包容性"更广阔的现代人道主义的"公同信仰"。

学者情怀，书生选择

——读蔡元培《洪水与猛兽》

张选军

众所周知，蔡元培作为北大校长所倡导的"思想自由，兼容并包"主张在很大程度上对北大成为新文化运动的策源地起到了重要的作用。面对新文化、新思潮的发展和涌动，作为中国教育和文化重镇，北大聚集了一大批优秀的新式文化精英和旧式文化魁首，如何在风起云涌时代引领历史潮流，成为有责任、有担当的北大人，是他这位北大校长不得不面对并深入思考的问题。但是蔡元培的独特之处在于，他没有简单介入新旧两派势如水火的论战当中，而是在支持新文化运动的前提下，对于传统旧式的文化采取包容兼蓄的态度。在现在看来，这或许正是因为蔡元培对新文化运动的理解比一般人要全面、深刻。进步知识分子在北大的汇聚，最终形成具有历史意义的思想启蒙运动，蔡元培功不可没。

几千年的封建保守专制文化体制，面对摧枯拉朽的新文化运动的洪流，一时间崩坏坍塌，且不说旧文化中各种力量的对垒和消长，就是汹涌而至的新文化阵营也是裹挟着各种不同的力量和声音。这些力量一方面给中国的社会带来了新气象，它不断地冲破旧的习惯、文化、制度的藩篱，另一方面由于对西方文化、制度、思想的简单引入和嫁接，以及传统中国社会残存的种种旧式思想意识、文化观念等，导致这股洪流在汹涌奔泻的同时不免有因泛滥而成灾之势。与此同时，当时中国社会最大的问题还表现在军阀的专制统治，军阀自身思想、文化等的局限性，决定了这一群体的腐朽性。因此，一方面是汹涌澎湃的新思潮、新文化的全面激荡，一方面是腐朽没落的军阀的专制与罪恶。作为一个有思想、有责任担当的北大校长，蔡元培有着自己的思考和主张。发表于1920年4月《新青年》第七卷第五号的《洪水与猛兽》就是他对当时之中国相当精准的分析和思考。

"我以为用洪水来比新思潮，很有几分相像。他的来势很勇猛，把旧日的习惯冲破了，总有一部分的人感受苦痛"，蔡元培将当时的新思潮比作洪水，一方面突出了新思潮的迅猛和冲破一切旧习惯的威势，内心明显带有惊喜和赞许之意，另一方面对于一部分人的痛苦又有着清醒的觉察，他以自己几十年的传统文化浸润，在洪水的肆意卷席之下，能比一般人至少比全身心扑在传播和推动新思潮的新时代知识文化精英们更能感受来自传统文明内部被撕裂的疼痛。几千年的传统文化自有自己的一套成熟的孕育文明的文化机制，虽然这种机制越来越不适应新的时代形势的发展，但是既为人类的文明，总有它应该被承认和继承的文明内容，而摧枯拉朽的新思潮、新文化运动似乎对此并没做好认真的辨识准备，我们尽可能地理解启蒙一代那种焦灼、迫切的心情。蔡元培认为："对付洪水，要是如鲧的用湮法，便愈湮愈决，不可收拾。用以禹改用导法，这些水归了江河，不但无害，反有灌溉之利了"，采用简单湮堵的方法，只会越发不可收拾，而采取泄导的方法，让其顺着一定预设模式自由发展，定会有利而无害。在这里，蔡元培提出的疏导，除了防止洪水泛滥成灾之外，还在于通过事先设计水流的走向，在预设中达到对洪水的疏导和控制，让它在冲刷一切陈腐之物同时，对不需要也不必要冲决的那部分文明保有最起码的尊重，因为既为文明就该有文明存在的价值。另外，一部分人感到痛苦或许还在于一种历史的、惯性的生活、思想等方式在崭新的新思潮里的不适和挣扎，蔡元培的体察更多地体现出一种理性。

经历五四后的蔡元培面对中国之现状，在护佑新文化运动这一立场上发生了细微的变化。这主要表现在他先后发表了《新文化运动不要忘了美育》《何谓文化》《东西文化结合》等一系列对新文化运动的发展提出自己中肯思考的文章和演讲。从这些文章和演讲中，我们可以看出蔡元培已经在利用自己的影响对新文化运动的发展进行积极而正面的引导，按照他的说法就是"疏导洪水"。蔡元培认为新文化运动慢慢成为不少人赶时髦的运动了，这些人整天高喊口号：解放呵！创造呵！新思潮呵！新生活呵！但是他们自己对于什么是解放、什么是创造、什么是新思潮，什么是新生活却一知半解，对于这些新名词的内涵并没有真正搞明白，于是运动就成了一种表面的冲动与刺激。这样的新文化运动再不加以科学合理的"疏导"，必然是流弊四起。同样，如前所述，蔡元培认为："我们既然认旧的亦是文明，要在它里面寻出与现代科学精神不相冲突的，非不可能。"他主张白话文，但不认为一定要绝对排斥文言文；他主张新文学，但仍然坚持旧文学也有自己不容否定的价值，他这种不简单否定旧文化，主张坚持理性分析的态度值得赞赏。与他主张理性分析旧文化相应，蔡元培还主张东西文化结合，先要领会西洋科学之精神，然后以此来整理中国旧学说，以传统文化作为"固有文化之基础"，进而培育出新意识、新文化。

蔡元培在支持新文化、新思潮发展的基础上，除了对于此番运动在发展过程中出现的问题持有清醒认识和理性思考之外，还对于造成中国社会混乱无序、落后陈腐现状的军阀专制统治深恶痛绝。他在《洪水与猛兽》一文中这样描述军阀统治下的社会现状："现在军阀的要人，都有几百万几千万的家产，奢侈得了不得；别种好好作工的人，穷的饿死"，"天津、北京的军人，受了要人的指使，乱打爱国的青年"，并认为这和"率兽食人"没有什么两样，足见其对于军阀的态度。蔡元培先生作为一名自由主义知识分子，对于军阀的专制统治以及军阀为了各自利益的无休止征战深恶痛绝，多次发表对于军阀混战局面的批评，同时，他认为中国社会出现这样的混乱局面，与社会名流、精英的不作为有很大关系。于是他在1918年10月与熊希龄、张謇、王宠惠等社会名流，发起成立和平期成会，以超党派姿态，通电全国，呼吁结束南北分裂局面，减轻人民战乱之苦，痛陈"慨自国内构衅，忽已年余，强为畛域之分，酿成南北之局，驯至百政不修，土匪遍地，三军暴露，百姓流离，长此相持，何以立国"。虽然这些名流成立的和平期成会对于当时的社会时局并没有什么重要影响，但是作为一位学者对于军阀混战造成的社会弊病的清醒认识以及担当情怀值得后人尊敬。

综观《洪水与猛兽》一文，虽然篇幅不长，内容也主要集中在"洪水"和"猛兽"两个概念上，但是当我们重新回到历史原点，回到20世纪20年代那个历史现场，对此加以重新检视时，我们不难发现蔡元培先生对于中国现状以及现状背后的思考。所以他说："中国现在的状况，可算是洪水与猛兽竞争"，一方面是风起云涌的新文化运动的狂飙突进，意在推翻陈腐没落的旧社会，追求自由、民主、新生，一方面是军阀政客们为了个人或集团的利益置国家、民族的前途于不顾，四处开战，造成民生凋敝，国将不国。对此蔡元培先生提出的解决方案是"要是有人能把猛兽驯伏了，来帮同疏导洪水"，从中我们不难看出，蔡元培认为实现中国天下太平的前提条件有这样两个：首先要能驯服猛兽，其次用驯服的猛兽来帮助治理洪水，使之得以疏导。由此看来，作为一介学者文人的蔡元培希望能结束军阀混战的局面（哪怕就是依靠军阀来制止其他军阀），然后建立统一的政府，再通过这一政府帮助疏导新文化运动这股洪流，使之朝着有利于国家、民族这一方向奔涌，在冲刷掉陈腐落后的污垢后，重新培育一个崭新的自由民主新中国。虽然这一理想愿望从主观设计上看有值得实践的意义，但是把这个愿望寄托在吴佩孚这一军阀集团之上，似乎又是注定要失败的，姑且放开军阀不可能完成这一历史任务的原因，蔡元培先生那份尝试的勇气和审视时局的敏锐洞察力，的确让人钦佩。

青年毛泽东思想的真实写真

——《民众的大联合》解读

张　剑

　　《民众的大联合》于 1919 年七八月间连载于《湘江评论》的第二期、第三期、第四期，是青年毛泽东向马克思主义转变的重要文章。文章发表之时，正值五四运动轰轰烈烈开展之际。毛泽东此时已经结束了首次北京之旅回到湖南长沙，并逐渐成长为湖南学生运动的主要领导人之一。作为对北京的响应，湖南学生联合会于 5 月 28 日成立，7 月 9 日，由湖南学联发起成立湖南各界联合会。在毛泽东的提议下，湖南学联决定创办《湘江评论》杂志，毛泽东任主编与主要撰稿人。

　　《湘江评论》是五四时期进步期刊中思想性最为突出的刊物之一，期刊以引导民众放眼世界、改造中国为宗旨，以宣传反帝反封建、反军阀统治、传播马克思主义等为主要内容，在栏目设置上有"东方大事述评""西方大事述评""湘江杂评""世界杂评""放言""新文艺"等，既注重及时报道国内外发生的重大时事，也注重对于时事进行科学的评论，指出进步方向。期刊采用生动活泼、通俗易懂的白话文写作，风行一时。创刊号 2000 份出版当天就销售一空，后又加印 2000 份，从第二期起改为印 5000 份。从 1919 年 7 月创刊到 8 月中旬，《湘江评论》共出版四期，第五期没有来得及发行便遭到湖南军阀张敬尧以宣传过激为名查封，至今没有找到。《湘江评论》虽存在时间较为短暂，却在当时有较为广泛的影响。毛泽东在《创刊宣言》中指出："世界什么问题最大？吃饭问题最大。什么力量最强？民众联合的力量最强。"① 他主张以平民主义打倒强权，以群众的联合实行"呼声革命"。刊物传到北京后，李大钊认为这是全国最有分量、见解最深的刊物。

作为《湘江评论》的主编与主撰，毛泽东先后在期刊上发表 40 余篇文章，占据了期刊过半的篇幅。其中《民众的大联合》是最重要的、最具分量的文章。该文结构合理、逻辑清晰、层层演进，在文字表述上洋洋洒洒，既具说理的严密，又具情感的充沛，有着毛泽东文章特有的风格与印记。文章分三期在期刊上连载，在"民众的大联合"的大主题下，每一期可视为一个相对独立的部分，有比较集中、明确的论述主题。第一部分论述"民众大联合"的可能与必要。毛泽东开门见山亮出主旨："国家坏到了极处，人类苦到了极处，社会黑暗到了极处。补救的方法，改造的方法，教育，兴业，努力，猛进。破坏，建设，固然是不错，有为这样根本的一个方法，就是民众的大联合。"接着，毛泽东从中外历史演进出发，指出了联合的必要性："我们竖看历史，历史上的运动不论是哪一种，

① 毛泽东：《创刊宣言》，《湘江评论》创刊号，1919 年 7 月 14 日。

无不是出于一些人的联合。较大的运动，必须有较大的联合。最大的运动，必有最大的联合。凡这种联合，遇有一种改革或一种反抗的时候，最为显著。历来宗教的改革和反抗，学术的改革和反抗，政治的改革和反抗，社会的改革和反抗，两者必都有其大联合。胜负所分，则看他们联合的坚脆，和为这种联合基础主义的新旧和真妄为断，然都要取联合的手段，则相同。"[1] 在这诸种联合之中，毛泽东尤为突出了"民众联合"的重要性："自法兰西以民众的大联合，和王党的大联合相抗，收了'政治改革'的胜利以来，各国随之而起了许多的'政治改革'。自去年俄罗斯以民众的大联合，和贵族大联合资本家大联合相抗，收了'社会的改革'的胜利以来，各国如匈、如奥、如捷、如德亦随之而起了许多的社会改革。"[2] 可以说，民众联合已经成为了各国政治改革、社会改革的有效途径，在中国这样一个黑暗深重的国度，实行民众联合尤为必要。

在第二部分，毛泽东详细论述了民众大联合的方法与途径。文章分辨了两种类型的联合：大联合与小联合，并阐述了两者之间的关系即大联合以小联合为基础："原来我们想要有一种大联合，以与立在我们对面的强权者害人者相抗，而求到我们的利益，就不可不有种种做他基础的小联合。我们人类本有联合的天才，就是能群的天才，能够组织社会的天才。群和'社会'就是我所说的'联合'。有大群，有小群，有大社会，有小社会，有大联合，有小联合，是一样的东西换

---

① 毛泽东：《民众的大联合》，《湘江评论》第二期，1919 年 7 月 21 日。

② 毛泽东：《民众的大联合》，《湘江评论》第二期，1919 年 7 月 21 日。

却名称。所以要有群，要有社会，要有联合，是因为想要求到我们的共同利益。共同利益因为我们的境遇和职业不同，其范围也就有大小的不同。共同利益有大小的不同，于是求到共同利益的方法，（联合）也就有大小的不同。"① 接着，作者分别以农夫、工人、学生、女子、小学教师、警察、车夫等群体为例，以颇具情感鼓动性的语言展示出他们在黑暗中国所受到的种种压迫与不公平待遇，从而论证各种"小联合"得以成立的可能性。正是因为各个小群体皆"一片哀声"，"受苦不过，就想组成切于他们利害的各种小联合"②。在"小联合"竞相成立的基础上，"大联合"的成立水到渠成："由许多小的联合，进为一个大的联合，由许多大的联合，进为一个最大的联合。于是什么'协会'，什么'同盟'，接踵而起。因为共同利益只限于一小部分人，故所成立的为小联合。许多的小联合彼此间利益有共同之点，故可以立为大联合，象研究学问是我们学生分内的，就组成我们研究学问的联合。象要求解放要求自由，是无论何人都有分的事，就应联合各种各色的人，组成一个大联合。"③ 应该说，毛泽东对民众大联合的过程、阶段、步骤设计相当科学，具有相当大的可操作性。

第三部分论述民众大联合的觉悟、动机与能力。首先，中国人民有民众大联合的觉悟吗？毛泽东的回答是肯定的。他认为辛亥以来的革命运动虽未能形成真正的民众大联合，但促进了民众的革命觉悟。在世界范围内，民众的觉悟也导

① 毛泽东：《民众的大联合》，《湘江评论》第三期，1919 年 7 月 28 日。
② 毛泽东：《民众的大联合》，《湘江评论》第三期，1919 年 7 月 28 日。
③ 毛泽东：《民众的大联合》，《湘江评论》第三期，1919 年 7 月 28 日。

致了革命的风起云涌：“世界战争的结果，各国的民众，为着生活痛苦问题，突然起了许多活动。俄罗斯打倒贵族，驱逐富人，劳农两界合立了委办政府，红旗军东施西突，扫荡了多少敌人，协约国为之改容，全世界为之震动。匈牙利崛起，布达佩斯又出现了崭新的劳农政府。德人奥人捷克人和之，出死力与其国内的敌党博战。怒涛西迈，转而东行，英法意美既演了多少的大罢工，印度朝鲜又起了若干的大革命。”① 具体到中国国内则是“异军特起，更有中华长城渤海之间，发生了‘五四’运动。旌旗南向，过黄河而到长江，黄浦汉皋，屡演活剧，洞庭闽水，更起高潮。天地为之昭苏，好邪为之辟易。”② 世界范围内的革命运动、中国国内的辛亥革命、反帝制运动皆促进了民众的革命觉悟，民众的大联合已经刻不容缓。

其次，毛泽东进一步论述了民众大联合的动机。他认为自清末以来，因为革命、教育、商业等原因，各种各样的小团体、小联合一直在涌现，为大联合的出现提供了契机：“最近因政治的纷乱，外患的压迫，更增加了觉悟，于是竟有了大联合的动机。”“各种的会，社，部，协会，联合会，固然不免有许多非民众的‘绅士’‘政客’在里面（象国会，省议会，省教育会，省农会，全国和平期成会，全国和平联合会等，乃完全的绅士会，或政客会），然而各行各业的公会，各种学会，研究会等，则纯粹平民及学者的会集。至最近产生的学生联合会，各界联合会等，则更纯然为对付国内外强权者而起的一种民众大联合，我以为中华民族的大联合的动机，实

---

① 毛泽东：《民众的大联合》，《湘江评论》第四期，1919 年 8 月 4 日。

② 毛泽东：《民众的大联合》，《湘江评论》第四期，1919 年 8 月 4 日。

伏于此。"①

最后，毛泽东论述了民众大联合的能力与前景。中国民众有实行大联合的能力吗？能取得成功吗？毛泽东承认原有的各行各业的民众确实都问题重重，但这都应归因于思想的不解放与练习的不足："原来中华民族，几万万人，几千年来都是干着奴隶的生活，只有一个非奴隶的'皇帝'（或曰皇帝也是'天'的奴隶，皇帝当家的时候，是不准我们练习能力的）。政治，学术，社会等等，都是不准我们有思想，有组织，有练习的。"②而到了今天，整个社会的形势已经发生了翻天覆地的变化，经历解放之后的中国民众与中华民族将爆发出巨大能量，也一定能取得最后的成功："思想的解放，政治的解放，经济的解放，男女的解放，教育的解放，都要从九重冤狱，求见青天。我们中华民族原有伟大的能力！压迫愈深，反动愈大，蓄之既久，其发必速，我敢说一怪话，他日中华民族的改革，将较任何民族为彻底，中华民族的社会，将较任何民族为光明。中华民族的大联合，将比任何地域任何民族而先告成功。"③

文中可以看出毛泽东思想的某些核心的、原则性的东西，可以看出青年毛泽东思想的转变。比如毛泽东的民众观，由早期推崇英雄、圣贤对历史的决定作用转而寄希望于民众联合。五四前的毛泽东一度推崇英雄史观，在 1917 年 8 月 23 日给黎锦熙的信中指出："圣人，既得大本者也；贤人，略得

---

① 毛泽东:《民众的大联合》,《湘江评论》第四期, 1919 年 8 月 4 日。

② 毛泽东:《民众的大联合》,《湘江评论》第四期, 1919 年 8 月 4 日。

③ 毛泽东:《民众的大联合》,《湘江评论》第四期, 1919 年 8 月 4 日。

大本者也；愚人，不得大本者也。"① 而到了《民众的大联合》中，他意识到所谓的愚人和群氓是封建奴性教育的结果，转而将改造社会的希望寄托在由农夫、工人、学生、女子、小学教师组成的民众联合上。这种对于底层民众的重视后来也贯穿毛泽东一生的理论与实践活动。

---

① 毛泽东：《毛泽东早期文稿》，湖南出版社 1990 年版，第 87 页。

是礼教吃人吗？

——读吴虞《吃人与礼教》

张秀丽

《吃人与礼教》是吴虞看了鲁迅的《狂人日记》后的感想，载于 1919 年 11 月 1 日出版的《新青年》第六卷第六号。吴虞（1872—1949），原名久宽，字又陵，又署幼陵，原籍四川新繁县。擅长诗赋，"澹于希世，不事科举"。戊戌以后，兼求新学。但"蜀处奥壤，风气每后于东南"，川地老宿视新学西书为异端，历禁较严，吴虞曾"不顾鄙笑，搜访弃藏，情稽深览，十年如一日"，为"成都言新学之最先者也"[①]。1905 年留学日本，学习法制，从而产生反孔非儒思想。1907 年回国后，曾先后在成都县中学堂、嘉定府中学堂、法政学堂等教书，并在报刊上发表反孔非儒的文章。清政府学部曾令赵启霖查禁，并要开除他的教职。吴虞曾回忆说，"学政赵启霖奉北京

---

① 廖季平：《骈文读本序》，《蜀报》第一年第二期，1910 年 9 月。

学部张之洞命令，要取消我在学校充任讲师的权利。后经人调解了事"①。

1910年，吴虞因不满其父的丑恶行为而与之发生冲突，被其父告到官府，成为轰动成都教育界和"上流社会"家庭革命的大事。吴虞与其父发生冲突，遭到社会上"欲以孔孟之道来挽救人心，来维持礼教的人们"的责备，认为这是"非理非法"的"忤逆"行为。吴虞为了辩白，撰写《家庭苦趣》②，散发各学堂，并在《蜀报》"本省纪事"栏发表。吴虞又犯了家丑不可外扬之罪，招致许多责难。时任四川教育总会会长徐炯召开会议申讨，并将他逐出四川教育界。经过此事，吴虞认为他父亲是"魔鬼"，"心术之坏如此，亦孔教之力使然也"，"余愤且悲，余祖奈何不幸而有此子孙也"③。1911年，吴虞又著文反对儒教及家族制度，批评法律，当时四川护理总督王人文说其"非圣无法，非孝无亲，淆乱国宪"，移文各省逮捕他。吴虞被迫放弃教职，逃入深山，住在舅父刘藜然家。刘藜然是哥老会首领，同情吴虞，庇护吴虞，"藜然八母舅留余午饭，情致申殷，异于恒人"④。在吴虞落难之际，遂有"剩有艰难甥舅在，夜阑灯火话平生"⑤的诗句。回到成都后，吴虞仍坚持其反孔非儒之主张，在成都《醒群报》发表，内务部总长朱启

①　吴虞：《致青木正儿》(1921年11月19日)，《吴虞集》，四川人民出版社1985年版，第393页。

②　吴虞：《家庭苦趣》，《吴虞集》，四川人民出版社1985年版，第18页。

③　中国革命博物馆整理，荣孟源审校：《吴虞日记》上册，四川人民出版社1984年版，第6页。

④　中国革命博物馆整理，荣孟源审校：《吴虞日记》上册，四川人民出版社1984年版，第7页。

⑤　吴虞：《辛亥杂诗九十六首》，《吴虞集》，四川人民出版社1985年版，第295页。

钤电令四川政府，查封《醒群报》，吴虞差点被逮捕，"好在当时四川政府中人都知道我，便回一公文"，说其不在四川，幸而免祸，袁世凯倒台后，《醒群报》方才启封，"后来，我的主张、文字，成都之报均不敢登载，我止（只）得寄《进步》《新青年》发表"①。1916 年，吴虞曾致信陈独秀，陈述其关于"非儒"之作，成都报纸，不甚敢登载，1913 年投稿成都《醒群报》，"又有内务部朱启钤电令封禁"等，乃"读贵报（指《新青年》）大论，为之欣然"，尚有《家族制度为专制主义之根据论》《儒家大同之义本于老子说》《儒家重礼之作用》《儒家主张阶级制度之害》《消极革命之老庄》《读荀子》等篇，"暇当依次录上，以求印证"②。陈独秀回信表示"尊著全数寄赐，分载《青年》《甲寅》，嘉惠后学，诚盛事也"，同时又说，无论何种学派，均不能定为一尊，以阻碍思想文化的自由发展，尤其是其伦理政治之纲常阶级说与近世文明社会水火不容，如不攻破，我国的政治法律、社会道德则永无出头之日。

吴虞的家庭悲剧，致使他此后积极地反对孔教和家族制度，批判封建礼教。他把封建宗法制度、家族制度和专制制度当作三位一体加以批判，对孔学、封建礼教、宗法、伦理等进行比较系统的批判。

鲁迅的《狂人日记》刊登在 1918 年 5 月 15 日出版的《新青年》第四卷第五号上，主要讲狂人晚上总是睡不着，凡事

---

① 吴虞：《致青木正儿》（1921 年 11 月 19 日），《吴虞集》，四川人民出版社 1985 年版，第 393 页。

② 吴虞：《致陈独秀》（1916 年 12 月 3 日），《吴虞集》，四川人民出版社 1985 年版，第 385 页。

须得研究，才会明白，也还记得古来时常吃人，但不甚清楚，翻开历史一查，这历史没有年代，歪歪斜斜的每页上都写着"仁义道德"几个字，横竖睡不着，仔细看了半夜，才从字缝里看出字来，满本都写着两个字："吃人"。据鲁迅给许寿裳信言，"《狂人日记》实为拙作……前曾言中国根柢全在道教，此说近颇广行。以此读史，有多种问题可以迎刃而解。后以偶阅《通鉴》，乃悟中国人尚是食人民族，因此成篇。此种发见，关系亦甚大，而知者尚寥寥也"[1]。1922年，鲁迅在《〈呐喊〉自序》里称《狂人日记》的创作缘由，是希望能唤醒新青年，打破禁锢自由的"铁屋子"[2]。1935年鲁迅称，《狂人日记》"意在暴露家族制度和礼教的弊害"[3]。周作人也曾说《狂人日记》的中心思想是礼教吃人。这是鲁迅在《新青年》上所放的第一炮，目标是古来的封建道德，以后的攻击便一直都集中在那上面，礼教吃人，所包含甚广，《狂人日记》借狂人说话，是打倒礼教的一篇宣传文字[4]。

1919年8月21日吴虞日记言，堂弟吴君毅来信，附有高一涵一函，《道家法家均反对旧道德说》已编入《新青年》内，恰好这一期是纲常名教号，所以非常喜欢。28日饭后拟作《吃人与礼教》文一篇，拣出《左传》《齐语》《韩非》《管子》《说苑》、戴子高《管子校正》、《汉书·高帝纪》《史记·黥布列传》

---

[1]　鲁迅：《致许寿裳》（1918年8月20日），《鲁迅全集》第十一卷，人民文学出版社2005年版，第365页。

[2]　鲁迅：《〈呐喊〉自序》，《晨报副刊·文学旬刊》第9号，1923年8月21日。

[3]　鲁迅编选：《〈中国新文学大系〉小说二集导言》，赵家璧主编：《中国新文学大系》，上海良友图书印刷公司1935年印行，第2页。

[4]　周遐寿：《鲁迅小说里的人物》，上海出版公司1954年版，第12~13页。

《后汉书·臧洪传》《旧唐书·忠义传》中《张巡传》等。29日，与君毅书，附《吃人与礼教》文，托其转交高一涵。10月8日，君毅来信说，《吃人与礼教》一文已交胡适、高一涵。至11月11日，其学生孙少荆带来《新青年》第六卷六号，《吃人与礼教》文已载入。吴虞关于"礼教吃人"的凌厉解读虽然矛盾重重，却由于批判丑恶势力的痛快淋漓，逐渐被评论界广泛传播。成都著名报刊经营者陈岳安即告知吴虞，《国民公报》曾屡引《吃人与礼教》，"可见北京传者多也"①。

《吃人与礼教》开篇就说，我们中国人，最妙是一面会吃人，一面又能够讲礼教。吃人与礼教，本来是极相矛盾的事，然而他们在当时历史上却认为是并行不悖的，这真是奇怪了！紧接着指出，狂人看到历史的每页上都写着"仁义道德"。仔细看了半夜，才从字缝里看出字来，满本都写着"吃人"二字，觉得他这日记，把吃人的内容和仁义道德的表面看得清清楚楚，那些戴着礼教假面具吃人的滑头伎俩，都被狂人揭破了。吴虞又举齐侯、汉高帝、臧洪、张巡等人的事例作为佐证，可以说是与《狂人日记》遥相呼应：春秋时期，齐侯讲礼教，尊周室，九合诸侯，不以兵车。葵丘大会说了许多"诛不孝，无以妾为妻，敬老，慈幼"等道德仁义的门面话；但他姑姊妹不嫁的就有七个人，而且是一位吃人肉的。岂不是怪事！吴虞详细查考鲁迅文中"易牙蒸了他儿子，给桀纣吃"这一案例，来论证"礼教吃人"，批评齐桓公一面讲道德仁义的门面话，一面"吃人肉！"，并以此类推批判当代"讲礼学的人，家

---

① 中国革命博物馆整理，荣孟源审校：《吴虞日记》上册，四川人民出版社1984年版，第481—495页。

中淫盗都有，他反骂家庭不应该讲改革。表里相差，未免太远，然而他们这类人，在历史上，在社会上，都占了好位置，得了好名誉去了。所以奖励得历史上和社会上表面讲礼教，内容吃人肉的，一天比一天越发多了"，抨击那些打着礼教幌子、做出邪恶勾当的伪君子。

接着，吴虞又用汉高帝案例论证"礼教吃人"：据《汉书》记载，高帝为义帝发丧，袒而大哭，哀临三日，证明高帝虽是大流氓出身，但他这样的举动，是确守名教纲常、最重礼教的了。天下初定，高帝又开始隆重祭祀孔子，"孔二先生"背时多年，自高帝用太牢加礼以后，后世祀孔的典礼，便成了极重大的定例。武帝以后，越发尊崇孔学，罢黜百家，儒教遂统一中国。这崇儒尊孔的发起人，是要推高帝；儒教在中国专制了两千多年，也要推高帝为首功了。吴虞指出，汉高帝哭义帝，斩丁公，他把名教纲常看得非常重要，他知道纲常之中，君臣一纲最为重要，于是就去祭祀孔子，以借孔子尊君卑臣的言论做护身符，又制造许多律令以维持辅助，贯彻其名教纲常的主张。可就是这样一个伪君子，在父亲被项羽作为人质要斩杀时，却言"吾翁即若翁，必欲烹而翁，幸分我一杯羹！"而且《史记·黥布列传》说，高帝诛梁王彭越，剁成肉酱，遍赐诸侯。这也可见当时不但皇帝吃人肉，还要遍给诸侯，让他们尝尝人肉的滋味。怪不得《左传》记"析骸易子而食"。而且曾国藩日记载，太平天国时，江苏人肉卖九十文钱一斤，后涨到一百三十文钱一斤。吴虞又以臧洪、张巡为例进行论证。《后汉书·臧洪传》载，袁绍兴兵包围臧洪，城中粮尽，臧洪杀其爱妾，以食兵将，"兵将都流涕，不能仰视"。吴虞批评道，这样蹂躏人道、蔑视人格的东西，史家反称许他为"壮烈"，同人反亲慕他为"忠义"，真是是非颠倒、黑白混淆了。自臧洪留下这个"榜样"，后来有个张巡，也去模仿，《旧唐书·忠义传》载张巡守睢阳城，尹子奇攻围既久，城中粮尽，易子而食，析骸而焚，张巡乃杀其妾，以憩军士，军士皆泣下，不忍食，张巡强令其食之。可见越是自命忠义的人，那吃人的胆子越大。臧洪、张巡被礼教驱迫，以至为忠于一个郡将，保守一座城池，便闹到杀人、吃人都不顾，甚至吃人两三万口。仅仅他们一二人对于郡将，对于君主，在历史故纸堆中博得"忠义"二字。那成千累万无名的人，竟都被人白吃了！"孔二先生"的礼教讲到极点，就非杀人吃人不成功，真是惨酷极了！一部历史里面，讲道德、说仁义的人，时机一到，就直接、间接地吃起人肉来了。就是现在的人，或者也没有做过吃人的事；但他们想吃人，想咬你几口出气的心，总未必打扫得干干净净！最后吴虞总结到，到了如今，我们应该觉悟：我们不是为君主而生的！不是为圣贤而生的！也不是为纲常礼教而生的！什么"文节公"啊，"忠烈公"啊，都是那些吃人的人设的圈套，来诳骗我们的！我们如今应该明白了！吃人的就是讲礼教的！讲礼教的就是吃人的呀！

　　尽管吴虞的论据逻辑有点混乱，其实在原始典籍中，易牙蒸其子给桀纣吃是一个论证违反仁义伦理必遭报应的事例；曾国藩日记载江苏人肉多少钱一斤与汉高帝赐人肉的社会背景也不同，但吴虞的目的是以此批评一面讲礼教，一面尊孔子，一面吃人肉这类崇儒重道的礼教家。这些事例明显是在抨击那些打着礼教幌子，做出邪恶勾当的伪君子，批判那些口头遵守却行为背叛礼教的伪君子。其实从鲁迅最初的书信、吴虞的《吃人与礼教》到 1935 年鲁迅的写作《狂人日记》的说明，他们批判的对象都不是仁义道德之礼教，而是打着仁义幌子为非作歹之徒。中国人已经受礼教蒙骗数千年，所以新青年要推进革命首先就要反礼教，因为"吃人的就是讲礼教的！讲礼教的就是吃人的呀"！

学生运动、历史书写与不断凝练的五四精神

——《"五四运动"的精神》导读

梁培东

《"五四运动"的精神》一文是罗家伦^①借用"毅"这一笔名，在 1919 年 5 月 26 日的《每周评论》第二十三号上发表的总结五四运动精神的一篇文章，也是学术界目前所普遍接受

---

① 罗家伦（1897—1969），字志希，笔名毅，浙江绍兴人，中国近代著名的教育家、思想家、社会活动家。1917 年考入北京大学，在北大期间与傅斯年等人组织《新潮》杂志，是五四运动的学生领袖之一，曾起草《北京学界全体宣言》。1920 年赴欧美留学，1926 年回国。1928 年，出任清华首任校长。1932—1941 年担任中央大学校长，后又任国民党中央党史编纂委员会副主任委员、驻印度大使、"考试院"副院长等职。

的"五四运动"这一名词的最早出处[1]。

1918 年 11 月，第一次世界大战以协约国的胜利而告终。1919 年 1 月，中国作为战胜国参加在巴黎召开的巴黎和会，当时的国人普遍认为协约国的胜利是"公理战胜强权"[2]的象征，认为欧美列强会保护弱小国家和民族的利益，进而对和会抱有很大希望。在和会上，中国代表团也提出废除外国在中国的势力范围、取消卖国政府与日本签订的"二十一条"秘密条款、收回山东主权等正义要求。但是最终，欧美列强却不顾中国利益，竟然将德国在中国山东的权益转让给日本。1919 年 4 月底，巴黎和会上中国外交失败的消息传到国内，引起民众的强烈不满。北京学生更是群情激愤，决定举行游行示威活动，抗议列强的无耻行径以及政府的卖国行为。1919 年 5 月 4 日，北京大学、北京师范大学等高校的 3000 多名学生在天安门前举行集会和游行示威活动，并且进入东交

---

[1]　对于"五四运动"这一名词形成的时间，目前学术界仍存在不同的观点。1935 年 4 月 29 日，胡适在《纪念"五四"》一文中，提出："'五四运动'一个名词，最早见于（民国）八年五月二十六日的《每周评论》（第二十三号）。一位署名'毅'的作者，——我不记得是谁的笔名了，——在那一期里写了一篇《五四运动的精神》。"（见胡适：《纪念"五四"》，《胡适全集》第二十二卷，安徽教育出版社 2003 年版，第 269 页）胡适所提及的，也即是罗家伦所写的《"五四运动"的精神》这篇文章。周策纵认为"'五四运动'这个名词最早是'北京中等以上学校学生联合会'所使用的，出现于该会 1919 年 5 月 18 日致其他社团的《总罢课宣言》电文中"（见［美］周策纵著，周子平等译：《五四运动：现代中国的思想革命》，江苏人民出版社 1996 年版，第 17 页）。而杨琥则认为"'五四运动'一词最早出现的时间应是 1919 年 5 月 14 日。准确地说，它是在北京中等以上学校学生联合会于 5 月 14 日发布的《致各省各团体电》中首先提出的"（见杨琥：《"五四"运动名称溯源》，《北京大学学报（哲学社会科学版）》，2006 年第 2 期）。总体来看，目前学术界所普遍接受的，仍然是胡适所回忆的罗家伦最早提出这一观点。

[2]　陈独秀：《发刊词》，《每周评论》第一号，1918 年 12 月 22 日。

民巷，向英、美等国的公使馆递交备忘录。

中国近代史上这一具有划时代意义的历史事件，时至今日一直是中国学术界的热门话题。而在当时，如何看待和评价这一事件，梁漱溟、高一涵、蓝公武等人纷纷发表看法。作为此一事件的组织者和参与者，罗家伦在这篇《"五四运动"的精神》中也发表了自己的见解。

文章开篇就写道："民国八年五月四日北京学生几千人因山东问题失败在政府高压的底下，居然列队示威，作正当民意的表示。这是中国学生的创举，是中国教育界的创举，也是中国国民的创举"，对学生的爱国行为给予了高度评价。同时，罗家伦认为，从五四运动这一学生爱国运动中体现出了"关系中国民族的存亡"的"三种真精神"：其一，是青年学生"奋空拳、扬白手，和黑暗势力相斗"的"学生牺牲的精神"，这样的牺牲精神是再造中国的元素；其二，是"社会裁制的精神"，爱国学生把黑暗专制政府在人民心目中神圣不可侵犯的偶像地位打破，而"在这无法律政治可言的时候，要想中国有转机，非实行社会裁制不可！"其三，是"民族自决的精神"，"这次学生不问政府，直接向公使团表示，是中国民族对于自决第一声。不求政府直接惩办卖国贼，是对内自决的第一声。这次运动是二重保险的民族自决运动。"

罗家伦的这篇文章"是当时较为全面地论述'五四精神'和'五四运动'之意义的文章"[①]，胡适对此亦有所赞扬，认为"这篇文章发表在'五四运动'收到实际政治效果之前，这里

---

① 杨琥：《"五四"运动名称溯源》，《北京大学学报（哲学社会科学版）》，2006年第2期。

的三个评判是很公道的估计"①。而在五四运动刚刚开展的初期，罗家伦即能初步指出五四精神，尤显难能可贵，其提出"五四运动"这一名词，也被延续下来，成为那场学生爱国运动的正式名称，并永载史册。

---

① 胡适:《纪念"五四"》,《胡适全集》第二十二卷，安徽教育出版社2003年版，第270页。

苦难的中国：在烈火中重生

——《凤凰涅槃》导读

刘　恒

"我自幼便嗜好文学……在文学中更借了诗歌的这只芦笛"[1]，在五四这个中国历史上的伟大变革时代，郭沫若用诗歌这支"芦笛"，吹出了嘹亮、高亢的时代之音，响彻了当时整个中国诗坛。

郭沫若（1892—1978），四川乐山人，文学家、历史学家，新诗奠基人之一。1914 年留学日本学习医学，1916 年开始创作白话新诗，1921 年后出版诗集《女神》《星空》《瓶》等。他的新诗集《女神》，是一块矗立在中国现代诗歌史上的耀眼丰碑，《凤凰涅槃》更是丰碑中浓墨重彩的一笔。

《凤凰涅槃》最初发表于 1920 年 1 月 30 日和 31 日上海的《时事新报》副刊上。作为一场彻底的不妥协的反帝、反封建

---

[1]　郭沫若：《论国内的诗坛及我对于创作上的态度》，《文艺论集》，湖南人民出版社 1984 年版。

的革命浪潮，五四运动在思想解放和文化革命领域掀起了革新的巨浪。社会思潮的迭起，各种思想的碰撞，强有力地冲击了守旧、腐朽的封建传统，迅速点燃了有志之士的革命热情。伟大的时代呼唤自己的代言歌手，《凤凰涅槃》便是伟大歌手郭沫若为这个叛逆、破坏的时代献上的嘹亮战歌。"《凤凰涅槃》那首长诗是在一天之中分成两个时期写出来的。上半天在学校的课堂里听讲的时候，突然有诗意袭来，便在抄本上东鳞西爪地写出了那诗的前半。在晚上行将就寝的时候，诗的后半的意趣又袭来了，伏在枕上用着铅笔只是火速的写，全身都有点作寒作冷，连牙关都在打战。就那样把那首奇怪的诗也写了出来，那诗是在象征着中国的再生，同时也是我自己的再生。"[①] 这个时期的郭沫若虽然身在日本，但心系家国，五四运动的革命烈火，彻底点燃了他的战斗激情，他将之诉诸笔端，诅咒、否定、反抗黑暗的现实，嘲讽、斥责、鞭挞猥琐的群丑，向往、歌颂"光明""新鲜""华美""芬芳"的新世界。

《凤凰涅槃》由小序和四章组成。"小序"起介绍性作用，讲述了凤凰的传说。第一章"序曲"，展现了凤凰自焚前的准备。凤凰在"除夕将近"的丹穴山上，周围是枯槁的梧桐、消歇的澧泉、茫茫的大海、莽莽的平原、凛冽的冰天，一幅万物枯槁、毫无生机的景象。在这样肃杀的环境里，凤凰准备着自焚前的工作，哀婉、悲壮地等待着自己的"死期"。结尾来了一群观葬的凡鸟，为后面的"群鸟歌"埋下了伏笔。

---

① 郭沫若:《我的作诗的经过》,《郭沫若全集·文学编》第 16 卷·集外，人民文学出版社 1989 年版。

第二章包括"凤歌""凰歌"和"凤凰同歌"。本章以凤凰的口吻，通过独白的方式说出了涅槃的因由。"凤歌"中，凤直面现实——"冷酷、黑暗、腥秽"的宇宙，对此他大胆质问宇宙："你为什么存在？"他在这个毫无生机的世界中探寻真理，但从天、地、海那里得到的却是失望，于是他狠狠地对这个"金刚石的宝刀也会生锈"的阴秽世界进行了诅咒和否定。之后凤和凰飞向四方寻找新的世界，但发现四方都是令人绝望的"屠场""囚牢""坟墓"和"地狱"。在这个无路可走的黑暗世界里，他们发出了绝望的哀哭。这里凤可以看作是觉醒青年的象征。本部分运用排比手法，使凤对宇宙的诅咒更加畅快淋漓，大快人心。"凰歌"中，凰可以看作是中华民族的象征，她回顾了五百年来生活中的"污浊"和"羞辱"，倾诉了中华民族的悲愤。她提出"我们这缥缈的浮生，到底要向哪儿安宿？"中华民族何去何从？本部分运用了比喻手法：我们的浮生就像一条大海中的孤舟，它"前不见灯台，后不见海岸"，也看不到方向，能让它前进的"帆已破，樯已断，楫已飘流，柁已腐烂"，更令人绝望的是掌舵的"舟子"只会在舟中呻唤。我们"好像这黑夜里的酣梦"，"我们只是这睡眠当中的一刹那的风烟"，我们在麻木、沉睡中，因为"环绕着我们活动着的死尸，贯串着我们活动着的死尸"，那些腐朽的旧传统死死地围绕着我们，那些因循守旧的惰性紧紧纠缠着我们，我们"只剩些悲哀，烦恼，寂寥，哀败"。之后怀念中华民族悠久历史和灿烂文明，更是衬托出现实的黑暗腐败。凰意识到古老的中华民族在五四前，已经蒙受了太多的屈辱，已经腐朽、黑暗到不可救药的地步，只有经过一场革命烈火的洗礼，才能获得重生。所以凰才唱出了"去了！去了！去了！一切都已去了"。凤歌和凰歌的表现虽然不同，但实质是一样的，都是在诅咒黑暗追求光明。在"凤凰同歌"中，展现出来凤凰对赴死的义无反顾。熊熊大火烧掉了"身内的一切"——旧我，还烧掉了"身外的一切"——黑暗的宇宙，不仅"我们也要去了"，"你们也要去了"。

第三章"群鸟歌"，以一群各怀鬼胎的凡鸟，比拟社会上的军阀、政客、官僚、驯民、奴才、无耻文人。通过揭露他们的无耻灵魂、丑恶的嘴脸，反衬了凤凰涅槃行动的坚贞高尚。

第四章"凤凰更生歌"。该部分是诗歌的高潮。"鸡鸣"宣告了"光明"的到来，随后，新的宇宙，新的凤凰诞生了。"凤凰和鸣"中，新生的凤凰尽情翱翔、欢唱，畅快地表达着自己的喜悦之情。更生后，诗中唱出"一切的一，更生了。一的一切，更生了。我们便是他，他们便是我，我中也有你，你中也有我"。"一切的一"指宇宙中的万物；"一的一切"指每个个体的所有，按照郭沫若的"泛神论"思想，我、你、他，凤凰和万物都融为一体了，都更生了。那么他们所歌唱的浴火重生的一切，其中也包括中国的新生、民族的觉醒、新我的诞生。为了表现喜悦之情，该部分中用了重叠的 17 个"欢唱"。章节有长有短、顿挫有力、激扬奔放，给人以巨大的振奋力量，这种结构相似、形式整齐的排比句，大大渲染了作品中的气氛，这种气氛让读者从中感受到生命的力量，感受到了不可阻挡的五四时代的力量。

《凤凰涅槃》是现代诗歌史上具有重要历史地位的诗篇，

它表现出了强烈的反叛精神和创造精神，高度反映了狂飙突进的五四时代精神和革命理想，同时在艺术形式方面进行了大胆创新，对中国现代新诗的发展做出了开创性的贡献。当时宗白华、郁达夫、闻一多、朱自清、周扬等对这部诗集给予了高度评价，闻一多在1923年评价道："若讲新诗，郭沫若君的诗才配称新呢，不独艺术上他的作品与旧诗词相去最远，最要紧的是他的精神完全是时代的精神——二十世纪的时代的精神。有人讲文艺是时代的产儿，《女神》真不愧为时代的一个肖子。"[①] 关于这种时代精神，20世纪40年代的周扬也表达了自己的看法："在'五四'的老人中，郭沫若先生还是比较后起的。不用说第一个尝试白话诗的是胡适，就是周作人、沈尹默、刘半农、康白情、俞平伯几个在诗坛上都似乎比他露面得要早一些。然而，他却后来居上了！他的诗比谁都出色地表现了'五四'战斗精神。在内容上，表现自我，张扬个性，完成所谓'人的自觉'，在形式上，摆脱旧诗格律的镣铐而趋向自由诗，这就是当时所要求于新诗的。这就是'五四'精神在文学上的爆发。"[②] 作为诗集中最具有代表性、最耀眼的一颗明珠，《凤凰涅槃》无疑也能当此评论。

《凤凰涅槃》表现出了强烈的反叛意识和创造精神。该诗塑造出的凤、凰都是大胆的叛逆者的形象，他们都对黑暗的旧社会发出了狠狠的诅咒。同时诗歌中"火"的意象十分突出，"火便是你，火便是我，火便是他，火便是火"，"火"既是旧

---

① 闻一多：《女神之时代精神》，《闻一多全集》第三卷，湖北人民出版社1993年版，第191页。

② 周扬：《郭沫若和他的女神》，《解放日报》，1941年11月16日。

社会、旧事物的毁灭者，更是新社会、新事物的创造者，是反帝反封建的革命烈火的象征。这种对旧中国的诅咒和破坏与五四新文化运动对传统中国思想文化批判、否定的诉求相一致，使该诗具有了强烈的时代精神。该诗的结局是光明的世界代替了黑暗的世界。在那个黑暗腐败的旧中国，郭沫若给人美好的愿望、胜利的信心，预言了新中国的诞生，其思想深度之深是同时代诗人无法比拟的。

《凤凰涅槃》这首诗完全没有旧诗声调格律的限制，大胆借鉴了西方自由体诗及其他文艺形式，采用设问、排比、反复等艺术手法，释放出火山喷发式的激情，开拓了自由诗的新天地，真正实现了"诗体解放"。

经典的《凤凰涅槃》还塑造了"凤凰涅槃"这一经典意象，作者将古代埃及不死鸟的传说与中国神话中凤凰的传说相结合，创造出一个在烈火中涅槃重生的凤凰形象，并且成为了旧事物消亡、新事物诞生的象征。这一意象现在已经成为人们的日常生活用语，具有了不朽的价值。

经济自由　独立自主：
金岳霖《优秀分子与今日的社会》解读

张秀丽

　　金岳霖《优秀分子与今日的社会》载北京《晨报副镌》1922 年 12 月 4 日、5 日上。金岳霖（1895—1984），祖籍浙江诸暨，生于湖南长沙。早年在清华学堂读书，1914 年到美国留学，1920 年获哥伦比亚大学政治学博士学位，1921 年年底赴英国留学，后到德国、意大利等国留学和游历，1925 年回国，历任清华大学讲师、教授、哲学系主任、文学院院长，北京大学教授、哲学系主任兼《光明日报》（原《哲学研究》）主编，等等。金岳霖从事哲学、逻辑学的教学和研究工作半个多世纪，对西方哲学有较深的研究，是最早把现代逻辑系统地介绍到中国来的逻辑学家之一，培养了一大批哲学和逻辑学的专门人才，写有《论道》《知识论》《逻辑》三部书，主编有《形式逻辑》。

　　1922 年 5 月，由蔡元培、胡适、李大钊、王宠惠、汤尔和、丁文江、梁漱溟等16人发起对于中国政治主张的讨论，即《我们的政治主张》，先后刊登在1922年4月25日《东方杂志》第十九卷第八号（该期延迟出版了）、5月14日《努力周报》第二期、5月15日《晨报》上，5月18日上海《民国日报·觉悟》进行了转发，提出政治改革的目标、"好政府"的含义、政治改革的基本原则、政治改革的唯一下手工夫、对目前政治问题的意见等主张，供大家考虑、批评、赞助、宣传。蔡元培等人提出，我们目前不谈政治则已，若谈政治，应该有一个切实的、明了的、人人都能了解的目标。国内的优秀分子，无论他们理想中的政治组织是什么，现在都应该平心降格地公认"好政府"一个目标，作为改革中国政治的最低限度的要求，应该同心协力地拿这共同目标来向国内的恶势力作战，并将"好政府"定义为：在消极方面，要有正当的机关可以监督防止一切营私舞弊的不法官吏。在积极方面，要充分运用政治的机关为社会全体谋充分的福利，要充分容纳个人的自由，爱护个性的发展，等等。

　　《我们的政治主张》刊出后，引起了许多人的关注与讨论①。学衡杂志社梅光迪致信胡适，说"《努力周报》所刊政治主张及其他言论，多合弟意。兄谈政治，不趋极端，不涉妄想，大可有功社会，较之谈白话文与实验主义升万万矣"；《晨报》副刊孙伏园致信胡适称，"我总有一种偏见，以为文化比政治尤其重要；从大多数没有智识的人，决不能产生什么好政治。

① 《关于〈我们的政治主张〉的讨论》，《努力周报》第四期，1922年5月28日；宗淹：《答〈关于我们的政治主张〉的讨论》，《努力周报》第六、七期，1922年6月11日、18日；经农：《答复何公敢先生对于〈我们政治主张〉的批评》，《孤军》第一卷第二期，1922年10月；等等。

从前许多抛弃了文化专谈政治的人现在都碰了头回过来了，为什么先生一定也要去走一走这条不经济的路子?"①邵力子在《民国日报·觉悟》上发表《读蔡孑民胡适之诸先生的"政治主张"》，指出"蔡胡诸先生全文不提及革命的字样，也不提及实际上革命的方法，只以有决战的舆论为止；我认为这样决不能达到'好政府实现'的目的。这是根本上要和诸先生商榷的地方"②。

当时远在英国留学的金岳霖也参与了这场讨论。他在《晨报副镌》上发表《优秀分子与今日的社会》一文，谈了自己的感想。从文章看，金岳霖的感想主要集中在《我们的政治主张》"政治改革的唯一下手工夫"上，即"我们深信中国所以败坏到这步田地，虽然有种种原因，但'好人自命清高'确是一个重要的原因。'好人笼着手，恶人背着走。'因此，我们深信，今日政治改革的第一步在于好人须要有奋斗的精神。凡是社会上的优秀分子，应该为自卫计，为社会国家计，出来和恶势力奋斗。我们应该回想，民国初年的新气象岂不是因为国中优秀分子加入政治运动的效果吗……民国五六年来，好人袖手看着这个分裂……做好人是不够的，须要做奋斗的好人；消极的舆论是不够的，须要有决战的舆论。这是政治改革的第一步下手工夫"。

金岳霖指出：蔡元培一班人的举动没有人不赞成，他们的主张与办法，或者还有商量的余地。优秀分子的奋斗，与

---

① 胡适:《我的歧路》,《努力周报》第七期, 1922 年 6 月 18 日。

② 邵力子:《读蔡孑民胡适之诸先生的"政治主张"》,《民国日报·觉悟》, 1922 年 5 月 18 日、19 日。

今日社会上的情形，极有研究的价值。蔡元培承认各人的理想的政治组织不同，但请各人平心静气，同心协力要求"好政府"。"好政府"的意义，在各人的心中不同，但应时势的要求，不得不把他当作"目标"，同时把普通主张数条，具体主张数条，从反面解释"好政府"三字。这是优秀分子奋斗的苦心，大家应该赞成，但是一种难处，就是优秀分子的心理。恶劣分子容易同心协力，优秀分子不容易同心协力。为什么呢？因为恶劣分子没有主义。有主义的人，总觉得别的东西可以牺牲，他的主义不能牺牲。优秀分子多半是有主义的人，他们不能牺牲他们的主义，所以他们不容易同心协力。恶劣分子没有主义，所以同恶相济是非常容易的事。但从反面着手，优秀分子也可以同心协力，即所谓的监督政府。优秀分子各有各的理想的好政府，各个人的好政府不同，但他们有一个共同的坏政府，现在的政府他们都承认是坏的，所以优秀分子监督坏政府容易同心协力，但运用政权图谋好政府不容易同心协力，因此优秀分子的奋斗须从反面着手。针对中国当时的社会现状，金岳霖说，在今日中国政象之下，青年优秀分子不能不作政治行动，但在这政象之下，断不宜做官。中国的恶势力，不仅集在政府，实在布满全社会，原因即在于人民太穷、太讲情面、没有游戏和家庭、没有十分尽力的工作，等等。优秀分子在这种社会中很难得保存他们的优秀成分；蔡元培与王宠惠久经风雨，不至于狃于社会的积习，变成另外一种人；年轻人危险太大，一时的热心，或者不免被百年的积习抹杀，少数人的奋斗，或者不免被多数人的积习战败。但是在这种社会现状之下又不能不奋斗，对于这种政象不能不作政治行动。所以金岳霖指出应该有一个监督政府的团体，这个团体里面的人，应该注意四条："第一，能成为'独立进款'的人，虽然进款很难独立，但是，开剃头店的进款比做交通部秘书的进款独立多了，所以与其做官，不如开剃头店，与其在部里拍马，不如在水果摊子上唱歌。第二，不做官，即不做政客，不把官当作职业的意思。若是议定宪法修改关税的事都是特别的事，都是短期的事，事体完了以后，依然可以独立过自己的生活。第三，不发财，即不把发财做目的。如果把发财当作目的，自己变作一个折扣的机器，同时对于没有意味的人，要极力敷衍。第四，要有独立的环境。所谓独立的环境，就是要一群志同道合的人，他们的人类的要求他们自己可以对付，不必乞援于群众的社会，而在他们一群的中间，一个人是他自己一个人，不讲情面不怕蠢，不怕以前的习惯，不怕以后的结果，工作的时候，拼命地工作，游戏的时候，拼命地游戏。这样一来，十年之后，一定有一种新空气发生。"金岳霖指出，有这样的人去监督政治，才有大力量，才有大进步，他们自身本来不是政客，所以不至于被政府利用，他们本来是独立，所以能够使社会慢慢地就他们的范围。有这样一种优秀分子，组成一个团体，费几十年的工夫，监督政府，改造社会，中国的事，或者不至于无望。若是照现在无头无脑的办法，使青年优秀分子散布在波涛澎湃的恶劣社会中间，恐怕大多数的优秀分子，要变成老奸巨猾的人。

精品白话：以"欧化"洗练汉语的"尘垢"

——《怎样做白话文？》导读

梁培东

《怎样做白话文？》是傅斯年 [①] 在 1919 年 2 月 1 日《新潮》杂志第一卷第二号上发表的一篇关于白话文写作方法的文章。

1916 年，傅斯年考入北京大学。在此前一年，即 1915 年，陈独秀在上海创办《青年杂志》（第二卷起改名为"新青年"），提倡民主与科学，掀起轰轰烈烈的新文化运动。1916 年 12 月，蔡元培担任北京大学校长，遵循"思想自由、兼容并包"的理念，聘请陈独秀为文科学长，李大钊为图书馆主任，聘任胡适、刘半农、周作人、鲁迅等人到北大执教，一时间北大学者风

---

① 傅斯年（1896—1950），字孟真，山东聊城人，著名历史学家、教育家。
1913 年考入北京大学预科，1916 年升入北京大学文科。在北大期间深受新文化运动的影响。1918 年与罗家伦等人组织"新潮社"，1919 年 1 月 1 日创办《新潮》杂志，专以介绍西洋近代思潮，批评中国现代学术上、社会上各问题为职司，大力提倡白话文和新文化。五四运动爆发时，为学生领袖之一。1919 年大学毕业后赴欧留学，1926 年回国。1928 年 11 月起，长期任"中央研究院"历史语言研究所所长。

云际会。随着陈独秀的北上,《新青年》杂志编辑部也由上海迁到北京,《新青年》借助北京大学这一资源,在社会上的影响迅速扩大。此时作为北大学生的傅斯年也很受影响,积极向《新青年》杂志投稿,发表自己对于新文学、新文化的看法,并在1918年年底同罗家伦等人在陈独秀、李大钊等《新青年》编辑的支持和帮助下,组织"新潮社",1919年1月又创办《新潮》杂志,宣扬新思想。

1917年1月,胡适在《新青年》第二卷第五号上发表《文学改良刍议》一文,提出须言之有物、不模仿古人、须讲求文法、不作无病之呻吟、务去滥调套语、不用典、不讲对仗、不避俗字俗语等文学改良的"八事"[①],白话文运动正式展开。1918年4月,胡适发表《建设的文学革命论》一文,提出"国语的文学,文学的国语"[②]的口号,国语运动与文学革命、白话文运动正式合流,一时间"奔腾澎湃之势愈不可遏"[③],对于白话文写作以及国语改革的具体方法,时人纷纷发表自己的见解。傅斯年的这篇文章正是在此背景下撰写的。

《怎样做白话文?》一文是傅斯年专门围绕白话散文来论说的一篇文章,文章承继了胡适在《建设的文学革命论》中提出的"国语的文学,文学的国语"的观念,主张用文学来造就国语,并且指出"新文学就是白话文学:只有白话能做进取的事业;已死的文言,是不中用的……新文学建设的第一步,就是应用白话做材料"。文章篇幅虽长,但紧紧围绕其本人所认

<hr>

① 胡适:《文学改良刍议》,《新青年》第二卷第五号,1917年1月1日。

② 胡适:《建设的文学革命论》,《新青年》第四卷第四号,1918年4月15日。

③ 黎锦熙:《国语运动史纲》,商务印书馆2011年版,第136页。

为的做白话文应当有的两种关键凭借——一、留心说话；二、直用西洋词法——来分别论述。

首先，傅斯年认为做白话文章时需首先有一个"榜样"与"依榜"。鉴于中国古代的白话小说文笔粗率、体裁没有白话散文丰富，因此与胡适提倡从《水浒传》《红楼梦》《西游记》《儒林外史》一类的小说中学习写白话文的技能不同①，傅斯年主张白话文要"乞灵说话"，即留心自己的说话，留心听别人的说话。这包含两个方面的原因：第一，我们平时说话多，作文少，如果能利用这日出不穷的说话，那么做白话文的能力便会天天有长进。所以"留心自己的说话，并且留心别人的说话：一面随时自反，把说话的毛病、想法除去，把文学的手段、组织和趣味，用到说话上来；一面观察别人，好的地方，我去学他，不好的地方，求自己的解免。但能刻刻如此用心，不须把笔作字，已经成了文学家了"。第二，我们伏在桌子上作文时，郑重心太强，冲动之情太少，思路虽缜密，才气却很难得到发泄。说话则不同，说话时心里是开展的、自由的，可以冲口而出，应机立断。况且我们写文章本就靠着任才使气、兴到神来，但兴到神来的时候总是稍纵即逝，如果坐在那里写文章，兴到便提笔书写，写上半句，兴已去了，这文章就没有"令终"了。所以要想把持这兴会，使它不致太快消逝，就需要在那说话时节，练习成一种把持心境的能力。

因此，"想把白话文做好，须得留神自己和别人的说话，竟用说的快利清白，——一切精神，一切质素，——到作文上"。

---

① 胡适：《〈中国新文学大系·建设理论集〉导言》，朱正编选：《胡适文集》第四卷，花城出版社 2013 年版，第 77 页。

其次，做白话文固然需要乞灵说话，但仅凭乞灵说话也不行，因为"我们能凭藉说话练习文章的流利，却不能凭藉说话练习文章的组织；我们能凭藉说话练习文章的丰满，却不能凭藉说话练习文章的剪裁；我们能凭藉说话练习文章的质直，却不能凭藉说话练习文章的含蓄"。同时仅凭说话的质素来作文很容易造成词不达意。故而"要是想成独到的白话文、超于说话的白话文、有创造精神的白话文、与西洋文同流的白话文，还要在乞灵说话以外，再找出一宗高等凭藉物"，这一高等凭借物就是"直用西洋文的款式，文法，词法，句法，章法，词枝，（Figure of Speech）……一切修词学上的方法，造成一种超于现在的国语、欧化的国语，因而成就一种欧化国语的文学。"

要想使白话文成就文言文，必须采用西洋修辞学上一切质素，使得国语欧化。而这也包含以下几个原因：第一，中国的国语异常质直、干枯，若要使它活泼，必须采用西洋修辞学上的各种词枝；第二，中国的白话词汇量太少，须随时造词，而所造之词多半是现代生活里边的事物，这些事物绝大部分都是西洋出产；第三，中国文唯求面积的铺张，缺乏深度，阅读时往往一览无余，西洋文在阅读时却层层叠叠，因此我们在做白话文时，为了减去原来的简单，必须模仿西洋语法的运用。同时为了弥补中国文言在文典学、言语学、修辞学上的缺陷，也只有借助西洋的语法。这一切的一切都使得国语必须欧化。欧化的白话文就是理想上的白话文，即"逻辑"的白话文、哲学的白话文、美术的白话文。

同时，傅斯年指出，旧文学是不合人性、不近人情的伪文学，是缺少"人化"的文学，现在之所以用新文学代替它，全凭新文学"容易人化"这一条简单的道理。对于将来的白话文，也希望是"人的"文学，恰好西洋近世文学全遵照这条道路发展，因此径自把它取来并且效法它，自然而然地就会达到"人化"的境界。所以"'人化'即欧化，欧化即'人化'"。在文章最后，傅斯年除了对"直用西洋词法"一条的进行程序进行说明外，还表达了对中国语受欧化的信心，认为"中国语受欧化，本是件免不了的事情。十年以后，定有欧化的国语文学"，而现在第一步要做的，就是要"取个外国榜样"。

傅斯年的这篇文章丰富了白话文的理论，有助于现代白话语言的建构，同时也引起了时人对于语体文欧化的广泛争议。胡适对于傅斯年关于白话文的看法亦给予了比较高的评价："傅先生提出的两点，都是最中肯的修正。旧小说的白话实在太简单了，在实际应用上，大家早已感觉有改变的必要了。初期的白话作家，有些是受过西洋语言文字的训练的，他们的作风早已带有不少的'欧化'成分。虽然欧化的程度有多少的不同，技术也有巧拙的不同，但明眼的人都能看出，凡具有充分吸收西洋文学的法度的技巧的作家，他们的成绩往往特别好，他们的作风往往特别可爱。所以欧化白话文的趋势可以说是在白话文学的初期已开始了。傅先生的另一个主张，——从说话里学做白话文，——在那个时期还不曾引起一般作家的注意。中国文人大都是不讲究说话的，况且有许多作家生在官话区域以外，说官话多不如他们写白话的流利。所以这个主张言之甚易，而实行甚难。"①

---

① 胡适：《〈中国新文学大系·建设理论集〉导言》，朱正编选：《胡适文集》第4卷，花城出版社2013年版，第78页。

文化保守主义者的新文化观

——章士钊《评新文化运动》解读

张　剑

　　1923 年 8 月 21 日至 22 日，章士钊在上海《新闻报》上发表《评新文化运动》，1925 年 9 月，他又在自己主编的《甲寅》周刊上再次刊发此文。这无疑具有十足的挑衅意味。实际上，自胡适"首举义旗"提倡新文学以来，在中国现代文学发展的第一个十年，新旧文学之争从未停止。在新文化派的诸多批评者中，遗老林纾式的刻毒咒骂动摇不了新文学的根基，真正在学理层面对新文化派形成冲击的，一是以梅光迪、吴宓、胡先骕等人为代表的《学衡》，一是以章士钊为代表的《甲寅》，尤以《评新文化运动》为典型。

　　本文最初发表的 1923 年，白话文早已在社会上站稳脚跟。1920 年年初，北洋政府受白话文运动的影响，下令小学"国语课"全部使用白话文，周作人、胡适等人的白话文学作品进入语文教材。白话文学已经受到了政府层面的认可，形成了事实上的优势地位。这让章士钊颇为忧虑，他认为文化应该是一脉相传的，如果割裂原有文化传统一味求新，无疑是走上了歧途："新时代一语，每每易起误解，以为新之云者，宜是崭新时期，与从前时代，绝不相谋。诸君试闭目沉思，假定一新时代者突然而起，一切文字制度都非前有，则其社会人物成何景象，仔细思之，岂非回复上古原人之状态乎？"① 正是出于对新文化运动在某种程度上走上歧途、走向偏至的不满，章士钊写下了此文。

或许是刻意与"新文化运动"这一概念形成对照，章士钊此文主要谈了三个方面的内容，即对"文化""新""运动"的反思。在章士钊看来，首要的问题是理解"文化"这一概念："文化二字，作何诂乎？此吾人第一欲知之事也。以愚所思，文化者，非飘然而无倚，或泛应而俱当者也。盖不脱乎人地时之三要素。"② 章士钊认为所有的文化都是诞生在特定的地理环境与历史语境之中的，具有自身的独特性。因此，言及文化，也只能说是某时某地某国的具体文化，而不存在通约化的、抽象的文化："若剥去此类加词而求一物，焉能餍足人类之意欲，表襮人类之材性，放之四海而皆准，俟之百世而不惑者？子曰文化，殆非理想中之所能有。"③ 章士钊的此番言论，是有其现实针对性的。以胡适为代表的新文化派确有"全盘西化"的提法，在他们看来，东方文化与西方文化并非为同时并存的两种文化类型，而是代表了进化的不同等级和价值序

---

① 章含之、白吉庵编：《章士钊全集》（4），文汇出版社 2000 年版，第 109 页。

② 章士钊：《评新文化运动》，《新闻报》，1923 年 8 月 21 日。

③ 章士钊：《评新文化运动》，《新闻报》，1923 年 8 月 21 日。

列，认为以西方文化取代东方文化是进化的大势所趋："旧文学、旧政治、旧伦理，本是一家眷属，固不得不去此而取彼。"[1]恰恰在这一点上，章士钊如鲠在喉："今之言文化者，以为此中有共相，因虚拟一的，群起而逐之……因谋毁弃固有之文明务尽，以求合于口耳四寸所得自西方者使之毕肖。微论所得者至为肤浅，无足追摹也。即深造焉，而吾人非西方之人，吾地非西方之地，吾时非西方之时，诸缘尽异，而求其得果之相同，其极非至尽变其种，无所归类不止。"[2]章士钊相当敏锐地发现了五四新文化运动对于西方文化的盲目推崇，其对文化概念的界定亦不无亮点，但其文化保守主义的立场使其对西方文化在五四时期对中国传统文化的冲击力、西方文化的积极影响视而不见，又是另一个盲区。

其次是关于"新"的理解。章士钊认为新文化派已经到了唯"新"是从的地步："新之观念，又大谬误。新者对夫旧而言之，彼以为诸反乎旧，即所谓新。今既求新，势且一切舍旧。"[3]从新文化运动的进程来看，新文化派的确将传统文化与西方文化做了"旧"与"新"的划分，并采取了不破不立的激进主义策略将两者完全对立起来："我们相信世界各国政治上道德上经济上因袭的旧观念中，有许多阻碍进化而且不合情理的部分。我们想求社会进化，不得打破'天经地义''自古如斯'的成见；决计一面抛弃此等旧观念，一面综合前代贤哲和我们自己所想的，创造政治上道德上经济上的新观念，树立新

---

① 陈独秀:《论〈新青年〉之主张》,《新青年》第五卷第四号，1918 年 10 月 15 日。

② 章士钊:《评新文化运动》,《新闻报》，1923 年 8 月 21 日。

③ 章士钊:《评新文化运动》,《新闻报》，1923 年 8 月 21 日。

时代的精神，适应新社会的环境。"① 这种"新""旧"势同水火决不相容观念，恰恰是章士钊极力反对的："新旧之衔接，其形为犬牙，不为栉比，如两石同投之连线波，不如周线各别之二圆形。……新者早无形孕育于旧者之中，而决非无因突出于旧者之外。盖旧者非他，乃数千年来巨人长德、方家艺士之所殚精存积，流传自今者也。"② 在章氏看来，文化无新旧可分，文化发展有其自身的连续性与延续性，难以断然分离。旧文化中能够流传下来的，多是前人积累的精华与财富，舍弃前人精华去追逐西方唾余，无疑是南辕北辙。实际上，自20世纪80年代以来，对于新文化派全盘性、整体性反传统从而造成中国文化的断层、无根状态的指责不绝于耳，对五四激进主义进行了全方位的反思。从这一角度而言，章士钊对新文化派的批评，是切中肯綮的。

　　章士钊的文化观，经历了从"调和论"到文化复古主义的转变。第一次世界大战使西方的思想界陷入了普遍的怀疑与悲观，亦打破了中国思想界"西方万能"的观念。章士钊于1921年、1922年到欧洲考察时，目睹西方战后的经济衰落，逐渐形成了文化循环发展的观点："人类社会之进化，不外乎两种形式，一为直线形，一为圆周形。但直线形之进化，恒不多见。谈社会文明这莫不首推欧洲，在十八世纪有牛顿发明万有引力说，然至今日在德之爱恩（因）斯坦又发明相对论，尽翻牛氏之说。一般考古学家尝发见许多古物，其制造之精巧，有非今人所能及者。可知古代文明亦未必逊于今日……

---

① 《本志宣言》，《新青年》第七卷第一号，1919年12月1日。

② 章士钊：《评新文化运动》，《新闻报》，1923年8月21。

而人类社会之进化，大抵是走圆周的道路。"① 从 "圆周形" 的
文化发展途径来看，西方文化虽自工业文明以来盛极一时，
但最终也走向衰落，而中国的农耕文明、农业文化恰恰克服
了西方文明的竞争性、扩张性，很有可能取代正在衰落的西
方文化成为文化发展的新潮流。因此，被新文化派弃之如敝
履的中国 "旧" 文化，很可能正是世界范围内的 "新" 文化。
当然，这只是文化保守主义者章士钊的某种一厢情愿。

　　最后，章士钊对新文化派试图以 "运动" 的方式解决文化
问题颇为不满："号曰运动，必且期望大众彻悟，全体参加可
知。独至文化为物，其精英乃为最少数人之所独擅，而非士
民众庶之所共喻。"② 在这一点上，章士钊流露出较为明显的文
化精英主义意识，他引用宋玉的言论试图说明，越是高雅的
阳春白雪的文学，能够欣赏的读者就越少。胡适之 "有甚么话
说甚么话" 的白话文运动不唯丧失了文学上自然之致，而且
最终只能导致文化界的一片混乱："以鄙倍妄为之笔，窃高文
美艺之名，以就下走圹之狂，隳载道行远之业，所谓俗恶俊
异，世疵文雅。文欤化欤？愚窃以为欲进而反退，求文而得野，
陷青年于大阱，颓国本于无形甚矣，运动方式之误，流毒乃
若是也！"③ 的确，初期新文学存在着某种一味追求通俗而艺术
性相对缺失的问题。新文化运动的发起与倡导者浓厚的社会
功利意识使其聚焦点始终都不在文学本身而在于 "运动" 上。
新文化只有以一种 "运动" 的方式才可能跳出文学之外，发挥

---

① 　章含之、白吉庵编：《章士钊全集》（4），文汇出版社 2000 年版，第 153 页。
② 　章士钊：《评新文化运动》，《新闻报》，1923 年 8 月 22 日。
③ 　章士钊：《评新文化运动》，《新闻报》，1923 年 8 月 22 日。

更大的社会作用。章士钊看到了原先是一种个人化的文学行为上升为"运动"方式可能造成的危害，但文化精英主义意识又使他将这种危害无限放大，最终否定了新文化运动本身。

可以说，《评新文化运动》是一篇相当有针对性的批评文字，也相当敏锐地发现了新文化运动的诸多问题，诸如新文化运动的唯新是从、对西方文化的盲目推崇与对传统文化的一味排斥、浮躁骄嚣的氛围等。难能可贵的是，章士钊在写此文时尽量压抑情感化的意气用事，而尽量以一种理性的、学理化的方式表述出来。其自身深厚的传统学识与游历欧洲的广泛视野使其对相关问题的论述颇见功力。但另一方面，文化保守主义、精英主义的立场又使其难以摆脱对新文化运动的偏见，对初期的新文化运动缺乏同情与理解。其实，新文化运动早期出现的某种混乱和无序，新文学自身艺术性的缺失，都是可以在发展中逐渐解决的，但章士钊对此显然缺乏宽容。这也是文化保守主义者的另一面相。

标点符号：新文化运动的副产品

——《标点之革新》导读

张宝明

《标点之革新》是陈望道[①]在1918年5月的《学艺》第一卷第三号上发表的一篇倡导使用新式标点符号的文章，是作者的第一篇语言学论文。

标点符号是现代书面语言不可缺少的重要组成部分，它不但能够表示语言的停顿，使书面语言表达具有层次性，而且能够表明句子语气，便于表意准确和读者理解，还能提升读者的阅读能力与阅读速度。而在我国古代的书籍中，是没有标点符号的，即使有，也只是用圈号和点号来表示停顿与分行，读者在阅读时需自己逐字逐句地理解并断句，这在影响阅读速度的同时，若断句不准确，那么作者原本的意思也会被误解、混淆。晚晴时期，随着西学东渐的进行，一些西

---

① 陈望道（1891—1977），原名参一，浙江义乌人。中国著名的教育家、修辞学家、语言学家。

方书籍传入中国，书籍中标点符号的使用明显有利于阅读，故而一些先进知识分子便逐渐仿用，并且开始在中文书写中倡导使用新式标点符号。

1916 年 1 月，胡适发表《论句读及文字符号》①一文，就胸有成竹地归纳出 10 种标点符号。1915 年 9 月创刊的《青年杂志》最初的断句方式千篇一律，都是用"。"表示句读。而在 1916 年 9 月《青年杂志》易名为《新青年》时，编辑部同人也开始酝酿进一步的"句读"改革。从这一年 11 月出版的《新青年》第二卷第三号起，编辑部同人在用"。"断句的同时，还添加了"、"用来表示中间的停顿。直到 1918 年 1 月出版第四卷第一号之前，《新青年》同人一直沿用这样的标点符号。但随着白话文使用频率的提高，这样的标注方式仍无法满足编辑的需要。个别同人便自觉寻求新的尝试和突破，以求能使文章更准确地表情达意，使白话文的语气更委婉生动、抑扬顿挫。在编辑的操作下，在第四卷第一号高一涵的《近世三大政治思想之变迁》文中，又增加了"："""；"等符号，而且那用来表示"读"的"、"号也改成了"，"号。在这一期杂志上，提倡语音和文字以及标点符号改革最为有力的钱玄同也在《论注音字母》一文中力陈"句读"符号多元化。留洋回国的胡适在第四卷第一号上也有一篇《归国杂感》。该文的标点符号比高一涵的《近世三大政治思想之变迁》更为细致、具体和到位，他在使用"，"""。"""："之外，又破天荒地使用了"？""！""……""□□"等符号。

1918 年 2 月 15 日的《新青年》第四卷第二号"通信"栏目

---

① 胡适：《论句读及文字符号》，《科学》第二卷第一期，1916 年 1 月。

中，又刊登了钱玄同写给同人呼吁符号要统一规范的信："同人主张，各有出入，所以四卷一号里所用，未能画一。"于是，他亲自操刀，对"同人各种主张"进行了"去"与"取"的加工，并提出两种处理办法：（甲）繁式：用"，"表读，"；"表长读，"："表冒或结，"·"表或，"。"表句，"？"表问，"！"表叹；（乙）简式：仍照以前用句读两号，"、"表读，"。"表句。[①]这一建议很快得到同人的响应。当读者慕楼对"文句圈点"诸如"乎？么？呵！等"表示"似近重叠"的异议时，胡适回答说，句读符号的问题，新青年社的同人已讨论多次了。他说："我的朋友钱玄同先生说，这两种符号'？''！'都不可废。因为中国文字的疑问语往往不用上举诸字，并且这些字有各种用法，不是都拿来表疑问的意思。"他还说："总而言之，文字的第一个作用便是达意。种种符号都是帮助文字达意的。意越达得出越好，文字越明白越好，符号越完备越好，这是本社全用各种符号的主意。"[②]可以说，标点符号的改革成为当时新文化界的重要话题，而《标点之革新》这篇文章正是写于此背景下。

在这篇文章中，陈望道论述了使用标点符号的重要性以及必要性，认为"标点"又可称为"文字标识"，"文字之标识不完备，则文句之组织经纬，时或因之而晦，而歧义随以叠出。而语学浅者，尤非恃此为导莫能索解"。同时鉴于"华文难读"，在"文字本身革新之事"与"革新标点之为文字外缘革新之事"之间，陈望道认为二者虽然都十分重要，但"革新标

①　《通信》，《新青年》第四卷第二号，1918 年 2 月 15 日。

②　《通信》，《新青年》第五卷第三号，1918 年 9 月 15 日。

点"更为重要:"文字本身究宜改革与否,关涉綦多,不易猝断。惟此文字外缘,则无论其本身之为沿为革,决不可不重新整理,使就简明。盖中文旧式标点颇嫌太少,不足以尽明文句之关系。其形亦嫌太拙,当此斯文日就繁密之时,更复无足应用无碍也。则革新标点,其事又重且要于革新文字者矣。"

那么如何"革新标点"?陈望道认为首先需要文字横行,"横行实较纵行之利为多,且又与所欲定之标点问题,有密切之利"。同时又主张"革新标点"需要"旁取西标",即借鉴西方标点符号的样式与用法,对此,陈望道列举了五点原因:

第一,"标点之形易约定":陈望道用"音标问题异形百出"的例子,认为如果仿用西式标点,"则既系从众,为一部分国民之所惯习,而其形有定,定约成俗,又最简捷,必不致如事创造者之异形百出,转以利民众者而困民众也"。

第二,"标点之形最妥适":"标点之形,以便于书写、美于观览而又与本文有别者为最适",但是华文标点,比如点"、",遇到"然""显(顯)"等字时,"辄易与本文辨别不清"。而圈"○"又占纸太多,"圈之不慎,又易实其所虚之中,而与点无甚差别",然而"西式标点者反是"。

第三,"标点之法易更张":"大抵一物,用之既久,则各有其惯例。"比如"子曰学而时习之不亦悦乎",这里"学而"以下与"子曰"是同一人所说,西式标点中则用摘引标,作成"子曰,'学而时习之,不亦悦乎?'",而华文不用摘引标,皆作「子曰、学而时习之、不亦悦乎。」"虽或深明文理之士时借'「」'以标,然不作标既已不违惯例,即不能强之使行,而不行,则于「曰」作点作圈,俱属不可。凡此更张之事,非一新其标点，则必不能收速成之效。"

第四，"标点之例易统总"："在昔文典不明，标点之例亦无统总"，比如"君子有三畏畏天命畏大人畏圣人之言。""三畏"之"畏"殿以点。"与父老约法三章耳杀人者死伤人及盗抵罪。""耳"又殿以圈。"其实彼此共为总散，则其标宜从同"，而用西式标点表示，则作为"君子有三畏：畏天命，畏大人，畏圣人之言．""与父老约法三章耳：杀人者死，伤人及盗抵罪．""此不亦较为有统总也，然有新标而欲以易之，远不若别新其观念而易之之易也"。

第五，"标点之用易施行"：陈望道指出使用标点是为了明晰语句的组织，这一点可作两层解释，第一层，"恐读者不甚解文字。而不能明其组织"；第二层，"恐所作之文字不正题豁，而读者不能明其组织"。按照第一层解释，"则于义为骄、为背礼"；按照后一层解释，"则于义为谦、为适义"。国人"大抵由前而解，故以文与人，辄不加标点"，否则，观者就会不悦。西方人则按照第二层解释，很少有不加标点的。所以如果今天仿用西式标点符号，"则其惯习亦易移植，从此作书札、为文章，皆可条分缕析，慎施标点，而无人嗤者矣，以视东人不用西标，而大声狂呼，以令人于书札等俱施标点，而卒无多施之者，为道之径，不亦大相径庭哉？"

在文章最后，陈望道提出"标点可以神文字之用"，即合理运用标点符号能够增强表达效果，使句子更加形象、生动，有助于读者的阅读。而在文章的"注"中，陈望道又介绍了10种西式标点符号，即：

，逗点　　？疑问标　　（）或夹注标

；辍点　　！警叹标　　　""或''摘引标

：札点　　……摇曳标

．住点　　——破折标

应该说，这篇文章反映了五四新文化运动时期的时代呼声，有助于新式标点的推广与普及。而在陈望道、胡适等知识分子的努力下，1920年2月2日，北洋政府教育部发布教育部训令第五十三号，规定采用新式标点符号，成为汉语书写史上的一件大事，极大地促进了文化的发展和教育的普及。

娜拉：万千少男少女的魅力女神

——《娜拉》导读

刘　恒

　　从五四到 20 世纪 40 年代末，易卜生剧本在中国的译本最多、评价最多、演出最多，但其中影响最大的莫过于《娜拉》。1914 年《娜拉》被春柳社首次搬上舞台，从此《娜拉》常演不衰，由于《娜拉》演出影响较大，1935 年甚至被称为"娜拉年"。娜拉自进入中国后便成为女性解放的一个代名词，她成为了一个男权社会中争取独立自尊、女性解放的典型形象，深深影响了现代文学乃至现代文明的建设。

　　《娜拉》又称为《玩偶之家》，是易卜生"社会问题剧"的代表作。该剧是一部三幕剧。故事采取倒叙的手法讲述了娜拉为给丈夫海尔茂治病，瞒着他伪造父亲的签名向柯洛克斯泰借钱，因此犯了伪造字据罪。后来，海尔茂升任银行经理并开除了柯洛克斯泰，后者便以借款字据来要挟娜拉，让他向海尔茂求情。当海尔茂得知娜拉借钱之事，他不但不感恩，反而认为娜拉毁了自己的前程，而当字据危机化解之后，他又立刻恢复了对娜拉的甜言蜜语，娜拉由此看清了丈夫虚伪的嘴脸，认识到自己在家庭中只不过是丈夫的"玩偶"，最后毅然离家出走。

剧中的娜拉善良、单纯，有着既浪漫又富有自我牺牲精神的爱情婚姻观，同时内心深处始终保持着对人格自尊的追求。她出身于一个中产阶级家庭，生活优越，受过良好的教育。婚前她生活在家长制的家庭中，是父亲的"泥娃娃"，婚后一切都听从丈夫的安排，自己安心做一名家庭主妇。表面上看她生活在温馨浪漫的家庭环境中，她喜欢唱歌跳舞，能精心准备圣诞节，会打扮参加化装舞会。爱情婚姻方面，她甘愿默默奉献，当丈夫海尔茂重病，家中又无力承担疗养费用的时候，她冒着身败名裂的风险，伪造父亲的签名借钱；为了不影响丈夫，她隐藏了这个秘密；并省吃俭用，做抄写工作挣钱还债；当债主以字据要挟她时，她虽然不知如何处理，但她却想过自杀，想自己承担后果。她还存在幻想，相信自己的丈夫能够帮她解决这个难题。但是当海尔茂知道事情真相时，立即表现出自私、无情、虚伪的一面，他认为伪造签名借款把他"一生幸福全都葬送了"，并痛斥娜拉是个"伪君子""犯法的人""下贱女人"，警告娜拉远离孩子，甚至认为即使娜拉死了，对他"一点好处也没有"。海尔茂对娜拉的突变态度，使娜拉意识到之前她所做出的种种努力，在丈夫海尔茂的名利面前竟是那么的无足轻重。她看清了自己在家庭中的地位，她只不过是丈夫的一个玩偶！她要摆脱玩偶的生活，她要做一个独立自由的人。她对丈夫说道："我是说，我从父亲手里转移到了你手里。跟你在一块儿,事情都归你安排。你爱什么我也爱什么,或者假装爱什么。我不知道是真,还是假。也许有时候真,有时候假。现在我回头想一想,这些年我在这儿简直像个要饭的,叫花子,要一口,吃一口。托伐,我靠着给你要把戏过日子。"她喊出了"首先我是一个人,跟你一样的一个人——至少我要学做一个人"的独立宣言。她进而对当时的宗教、法律、婚姻、社会道德都产生了怀疑,"从今以后我不能一味相信大多数人说的话,也不能一味相信书本里说的话,什么事情我都要用自己脑子想一想,把事情的道理弄明白"。觉醒后的娜拉下定决心离开这个令人窒息的家庭。

《娜拉》对中国现代文学产生了深刻的影响。娜拉的形象可以说是中国现代女性文学的原型,现代作家们依据这个原型创作出了大量娜拉式的勇于出走的新式女性形象。"世界上不知有哪个国家能如中国一样创作了如此众多的娜拉型剧本。中国人把娜拉迎进家门后,进行了新的创造,使她在中国复活和再生。这里有从沉睡中醒来的娜拉,也有尚在痛苦中呻吟的娜拉,有从家庭出走以谋求自立的娜拉,也有从追求个性解放到投身社会革命的娜拉……"[①] 在戏剧领域,当时几乎每一个新剧作家都受到易卜生的影响,如田汉、洪深、曹禺等。胡适模仿《娜拉》创作了剧本《终身大事》,讲述了女主人公田亚梅不顾父母的反对,一起与陈先生离家出走的故事。其后,中国剧坛出现了熊佛西的《新人的生活》、侯曜的《弃妇》、郭

---

① 易新农、陈平原:《〈玩偶之家〉在中国的回响》,《中山大学学报》1984 年第 2 期。

沫若的《卓文君》、欧阳予倩的《泼妇》等娜拉型剧作。随着时局的变化，特别是 1927 年之后，剧作家创作的娜拉不再是追求个性解放的女权主义者，而是为自由而奋斗的战士，为国家、民族谋求解放的战士。夏衍 1936 年创作的《秋瑾传》、于伶的《女子公寓》等塑造的人物便是这种类型。在小说创作方面，1925 年鲁迅创作了小说《伤逝》，因不堪家庭的压抑生活，子君喊出了"我是我自己的，他们谁也没有干涉我的权利"，子君身上可以看到娜拉的影子。同时小说描述了涓生与子君出走之后的结果，鲁迅用他们的故事形象地回答了他自己提出的"娜拉走后怎样"这一问题。随着《娜拉》等社会问题剧在中国的传播，中国作家们对人生的思考也更加深入了，罗家伦、冰心、王统照、叶绍钧等人的问题小说，正是对易卜生"问题剧"的模仿。

在社会影响方面，"娜拉"几乎成为五四时代女性解放的代名词，娜拉勇敢的出走对渴望走出令人窒息的封建家庭、争取人身自由的青年男女产生了重大影响。在有"娜拉"加入的妇女解放运动的影响下，民国时期的一些女性知识分子，效仿"娜拉"，主动提出离婚，走出家庭，建立自己的事业。同样，有关妇女解放的问题的探讨或者说对"娜拉"现象的讨论一直持续到今天。

"世上最强有力的人就是那个最孤独的人"

——《人民公敌》导读

刘　恒

　　《人民公敌》最早是鲁迅介绍到中国的。1908 年，鲁迅在《河南》月刊先后发表了《摩罗诗力说》和《文化偏至论》，里面推荐了"伊孛生"（易卜生）和他的剧作《人民公敌》。文章中，鲁迅赞扬了《人民公敌》一剧中的斯铎曼医生"死守真理，以拒庸愚"（《摩罗诗力说》）的精神。

　　《人民公敌》是一部五幕剧。故事发生在挪威的一个沿海城镇，主人公斯铎曼医生是温泉浴场的医官，身为市长的哥哥彼得担任浴场委员会的主席，他们所在的温泉浴场为小镇带来了游客和声誉。在浴场运行期间，斯铎曼发现制革厂污染了温泉的水源，从而导致游客患上严重的疾病。斯铎曼医生要求公布真相并整顿浴场。但城市里的各个阶层都担心这样会损害自己的利益，因此大家都反对。在斯铎曼召开的市民会议上，他被宣布为"人民公敌"，并受到驱逐。但斯铎曼坚信自己的信念，留了下来并战斗到底。

易卜生因为创作《娜拉》《群鬼》等深刻反映现实的作品而被别有用心者污蔑为"人民公敌"，他凭敏锐的观察力、深刻的洞察力，创作出了反击舆论攻击的剧作《人民公敌》。该剧围绕着浴场污染问题而展开，焦点集中在独立捍卫真理的"少数派"斯铎曼医生和追逐自身利益的"多数派"之间的斗争，通过一系列矛盾冲突，为我们描绘出了一幅物欲横流、贪婪欺诈、道德败坏的病态社会图景，塑造出斯铎曼这样一个独立捍卫真理、坚守纯净心灵的斗士形象。

斯铎曼作为温泉浴场的医官，是浴场建立的首倡者，对本乡发展抱有极大的热情。当他发现温泉浴场受到磨坊沟制革厂污水的污染——"矿泉里含着腐烂性有机体——千千万万的细菌"的时候，他决定将事实报告政府并公之于众。但出于自己利益的考虑，作为市长的哥哥彼得极力制止和反对他的行为和方案。斯铎曼医生身边的支持者虽都赞成他的意见，但他们都打着自己的小算盘。打着民主派的旗号的《人民先锋报》主编霍夫斯达，实际上企图搅乱现任政府趁机夺权；岳父基尔一直对被赶出议会一事耿耿于怀，想借机报复；自称"结实的多数派"的印刷所老板阿斯拉克森，对浴场大股东心怀妒忌，自然乐于看他们蒙受损失。

随着公布真相行动的开展，斯铎曼遇到了重重阻力，就在他与这些阻力抗争的过程中，他逐渐看清了温泉浴场污染的源头不仅仅是污水，更是被污染了的人心。在和市长进行了一番博弈后，斯铎曼立即到《人民先锋报》让其好友霍夫斯达等报馆工作人员尽快发表他关于浴场水质污染的报告。但在现实利益面前，他以前的朋友都走向了他的对立面。因担心改建浴场会使自身利益受损，霍夫斯达、阿斯拉克森拒绝发表斯铎曼的文章；报社编辑毕凌受到市议会秘书职位的诱惑，也站到了市长一边。斯铎曼终于意识到，浴场的污染源不在制革厂的污水，而是在于被名、利等欲望所污染的人心。这时的斯铎曼成为了一个把脉社会问题的医生，他在市民大会上疾呼："我要报告最近几天的一个大发现，就是：咱们精神生活的根源全都中了毒，咱们整个社会机构都建立在害人的虚伪基础上。"斯铎曼医生诊断出社会的病根在人心，名利、投机、报复、野心等贪欲都是人心的污染源。他指出社会问题危害并开出了药方，那就是"靠着欺骗过日子的人都应该像害虫似的被消灭干净！照你们这样干下去，全国都会中毒，总有一天国家也会灭亡"。

但颇具讽刺意味的是，斯铎曼在市民大会上却被市民奚落和指责，甚至被斥责为疯子，最后竟以民主表决的方式，宣布他为"人民公敌"。就这样为社会罪恶等病症开出药方的医生，竟被受贪欲驱使的"病人们"判定为"人民公敌"！会议后，给他提供帮助的好友失去了工作，儿子也失去了上学的资格，但那些利令智昏的人却又不断献丑，露出了一副副恬不知耻的嘴脸。斯铎曼的岳父基尔以剥夺遗产为由威胁斯铎曼放弃自己的主张；霍夫斯达、阿斯拉克森认为温泉浴场污染事件是斯铎曼与基尔联手演的小把戏，目的是低价买进浴场股票牟利，他们也来试图从中获取一点利益。面对这些丑恶，斯铎曼没有退缩，他选择留下来与他们斗争，并且发出了"世上最强有力的人就是那个最孤独的人"这一振聋发聩的战斗宣言。

《人民公敌》进入中国后，影响了当时的许多先进知识分子。鲁迅便是受其影响较大的一位。《人民公敌》是易卜生戏剧作品中鲁迅比较看重的一部，也是对他思想和创作影响最大的一部。他曾多次宣称，他的《狂人日记》《药》《孤独者》等作品的主题模式与《人民公敌》是一致的，都出现了"少数派"与"多数派"的对立。

《人民公敌》具有超越时空的艺术价值，它通过人们对待浴场污染的态度淋漓尽致地展现出了人性中自私贪婪的一面，并对各种丑恶的社会现象进行了批判，剧中所探讨的经济发展与生态环境、人性道德之间的问题，在今天仍然彰显出深刻的现实意义。

他山之石可以攻玉：杜威讲座中的"民治"与"领袖"

——《教育者为社会领袖》与《民治的意义》

李 帅

杜威（John Dewey，1859—1952），美国著名哲学家、教育家，美国实用主义哲学最有影响力的代表，也是美国实用主义教育思想的创始人。1904年至1930年杜威在纽约哥伦比亚大学哲学系兼任教授时，其间由于接触外籍学生的缘故，使得他的教育思想能够影响到世界各地。1919年年初，杜威到日本游历讲学。借此机会，杜威的中国弟子胡适、郭秉文、蒋梦麟、陶行知等立即协商邀其来华事宜。此时，赴欧美考察战后教育的南京高等师范学校校长郭秉文及北京大学教授陶履恭正好途经日本，专程拜访了正在日本讲学的杜威。杜威欣然接受胡适等人的邀请，在给胡适的回信中，杜威写道："我接到你的信非常欢喜。我每日总想写信把我们想到中国来游玩的事告诉你，所以接到你的信格外的高兴"，"郭秉文博士同陶履恭教授前日来看我，他们问我能否在中国住一年，作讲演的事。这个意思很动听，只要两边大学的方面能够商量妥帖了，我也愿意做。我觉得几个月的旅行实在看不出什么道理。要是能加上一年功夫，也许我能有点观察了"。杜威携夫人及女儿于1919年4月30日到达上海，随即开始了他的中国讲学、游历之旅。中国的学术团体尚志学会、北京大学、中国公学、新学会等参与了邀请杜威讲学①。

杜威来华讲学之际，正是新文化运动蓬勃开展时期。杜威的哲学思想及教育理念已由他的中国弟子及追随者介绍进中国。借着邀请杜威的机会，国内报纸集中发表了大量的关于杜威学说的文章，其中最具代表性的是胡适的《实验主义》，发表在《新青年》第六卷第四号上。此外，像《新教育》《新潮》《时事新报》《晨报》等，也发表了大量介绍杜威学说的文章。这可以说为杜威来华讲学提前做好了舆论动员。

1919年5月，杜威先后在北京、南京、杭州、上海、广州等地讲学，由胡适先生等人担任讲学的翻译，把民主与科学的思想直接播种在中国。杜威夫妇原来打算"在中国可稍住几时，到七月或天太热的时候我们仍旧回日本乡间住几个星期，然后回美国"②。而杜威到中国后不久，即发生了五四运动，这极大地引起了杜威夫妇的兴趣，使他们改变了原来的计划，决定留在中国一年，以便近距离观察五四运动。期满之后，由讲学社再续聘一年。

1919年五四运动之后，福建各界亦掀起了"抵制日货"的运动。在日本驻闽总领事馆的指使下，日本浪人伏击中国学

---

① 《杜威博士致胡适教授函》，《北京大学日刊》附张，1919年3月28日。

② 《杜威博士致胡适教授函》，《北京大学日刊》附张，1919年3月28日。

生、市民及警察，制造了震惊中外的"台江事件"。日本派军舰"桔丸"号、"樱丸"号开抵福州，并派水兵登陆，进行军事威胁。日本人的行为激起了全国人民的抗议。日本人的武力示威非但没有能够压制福建人民的爱国行为，反而进一步激起群众的爱国热情，并推动了福建地区新文化运动的发展。杜威就福建的学生运动写道："五四学潮，方才平息，福州事变又起了。好几个学生把生命牺牲了。日本海军也上岸示威了。于是各处学生又排队游行，与商会联络，不与日本人通商往来，排斥日货举动'变本加厉'，并且要求政府不与日本有经济上的交涉。"杜威看到了新文化运动的威力和学生思想的觉悟，因此认为"国内外的专制主义，武力主义，都不能抵抗这'新文化的怒潮'"。他还认为学生的运动"实在是因为中国青年新思想的改变才有这一番的举动"，因此"这学潮的进行是很稳固的"[①]。杜威正是对中国青年抱有的这种信念，才前往福建、广东等地讲学。1921 年 4 月，厦门大学校长邓芝园邀请杜威前往福建讲学。杜威在福建的讲演行程安排颇为密集，其中 4 月 13 日下午在福建省立第一师范学校讲演《教育者为社会领袖》，15 日晚间，在尚友堂讲演《民治的意义》。

《教育者为社会领袖》是杜威在福建第一师范学校的演讲。因为其演讲的对象是"师范生"，因此，杜威所谈的也是针对这些"未来的教育者"所需要承担的社会责任是什么。杜威的答案是"责任维何？为社会领袖是也"。对于这一问题，杜威分两层来讲。首先是如何"成为社会领袖"。要成为社会领

---

① 杜威著，庄泽宣译：《杜威再论中国学生革命》,《留美学生季报》第七卷第三期，1920 年。

袖，教育者需要具备三种要素，"（一）一定目的""（二）一定方法""（三）坚忍力"。其次，如何能无愧于社会领袖之责，"（一）须以学问灌输学生"，杜威所指的"学问"是"活学问"。所谓"活学问"，要求教育者"且须为无间断之研究"，而"平日对于教科，只宜择一专修，不可全部敷衍，且须随世界潮流悉心研究"，"夫然后始有活学问"。"（二）须制造学生人格"，教育者的任务不仅仅是灌输给学生知识，更应该在教育中培养学生的人格，这种教育方式的前提是尊重儿童或学生的个性，因材施教，使学生"在校为良好之学生，出校为良好之国民"。"（三）须指导社会"，教育者对于学生的教育，"心目中即须含有改造社会之思想"。虽然每一个教育者面对的学生只有几十个甚至几个，但是教育者如果能够"就少数人方面用工，收效亦甚速"[1]。

不同于师范学校，尚友堂是一个具有宗教性质的团体，其自身定位为"本堂事业为社交之会堂"[2]。杜威亦指出"因尚友堂系一种办理社会事业之机关，非徒讲《圣经》做礼拜已矣"。杜威在讲演中，首先认为"民治"不是什么高深的哲学问题，而是一个可通过互助推而广之的事情。但中国的国力衰弱在于"人民不明互助之理，犹夫人人各持一小竹竿，分而不合，宜其易于摧折也"。在民国政体之下，不可有"事事仰赖于政府"的想法。互助是"始于一己"，进而"助其比邻"，便"可推之全国"。"民治"就如同婴儿，"父母爱子，不忍其

---

① 杜威：《教育者为社会领袖》，《教育公报》第八卷第七期，1921 年 7 月 20 日。

② 爱竹园：《福州尚友堂宗教干事报告书》，《兴华》第二十卷第四十七期，1923 年 12 月 5 日。

子之劳动，日褓抱之，长大时令其行走，则其子势必不能举步。其甚者欲并其饮食而代之，则其子必无生存之望。其害之大有如此。反之，凡事自为，不避艰难困苦，即偶有错误，亦足引为前车覆辙之戒，而转足增我之经验"。民国成立后，中国虽地大物博，国力却江河日下，主要是因为"人民之有依赖性，谓人必饷我，我可坐享也"。只有去除民众的"依赖性"，使人人知互助，那么民治才能进步，国家才能巩固。

杜威关于《民治的意义》的讲演，显然是对当时发生的关于"北京工读互助团"失败原因的一个回应。当时，在《新青年》杂志上开辟了专题"工读互助团问题"进行讨论。胡适、陈独秀、李大钊、戴季陶等人都对此进行了评论。胡适认为"北京工读互助团的计划的根本大错误就在于不忠于'工读'两个字"[1]。李大钊则认为都是由于地价高，房租贵，难以维持半工半读的生活[2]。戴季陶则认为在资本主义制度下"要想用很小一部分人的能力，一面做生产的工，一面达求学的目的，在事实上是做不到的"[3]。陈独秀则认为对于工读互助团的失败"千万要研究是人的问题，还是组织的问题"[4]。显然，杜威认为"互助"的问题是"人"的问题，而不是组织的问题，在关于"工读互助团问题"的争论上，他站在了胡适的一方。

杜威在华讲学从 1919 年 5 月至 1921 年 7 月，前后持续

---

① 胡适：《工读主义试行的观察》，《新青年》第七卷第五号，1920 年 4 月 1 日。

② 李大钊：《都市上工读团底缺点》，《新青年》第七卷第五号，1920 年 4 月 1 日。

③ 戴季陶：《工读互助团与资本家的生产制》，《新青年》第七卷第五号，1920 年 4 月 1 日。

④ 陈独秀：《工读互助团失败底原因在那里？》，《新青年》第七卷第五号，1920 年 4 月 1 日。

了两年零两个月。杜威的演讲遍及上海、北京、直隶（河北）、奉天（辽宁）、山西、山东、江苏、江西、湖北、湖南、福建、浙江、广东等地。胡适对于杜威来华的影响做过一个简单的总结："我们可以说，自从中国与西洋文化接触以来，没有一个外国学者在中国思想界的影响有杜威先生这样大的。""我们还可以说，在最近的将来几十年中，也未必有别个的西洋学者在中国的影响可以比杜威先生还大的。"[①]杜威的思想对于当时的中国各界产生了深远的影响。早期的马克思主义者例如陈独秀、毛泽东等都曾受到过杜威思想的影响。

杜威的教育思想在中国的传播，对当时中国教育制度产生了重要的影响。1919年，陶行知在其介绍杜威的一篇文章中称"杜威先生素来所主张的，是要拿平民主义做教育目的，试验主义做教学方法"[②]。杜威教育思想的传播直接影响了当时的学制改革。正如胡适所评价的，"一九二二年的新学制第四条写道：'儿童是教育的中心。在组织学制时，应特别注意儿童的个性和资质。因此，中等和高等教育应采取选修科目的制度，而且，在所有初等学校中，分级和升级都应采取灵活原则。'在一九二三年的新学校课程和一九二九年修订的课程中，都强调这个思想：儿童是学校的中心。杜威教育哲学的影响，在这些修改内容中是容易看出来的"[③]。

杜威提出的关于教育者所应该承担的社会责任及国民不

---

① 胡适：《杜威先生与中国》，《东方杂志》第十八卷第十三期，1921年7月10日。

② 陶行知：《介绍杜威先生的教育学说》，《陶行知全集》第一卷，华中师范学院教育科学研究所主编，湖南教育出版社1984年版，第102页。

③ ［美］简·杜威著，单中惠编译：《杜威传》，安徽教育出版社1987年版，第212页。

应过分依赖政府的"民治",对于今天我们进行教育改革具有借鉴意义,教育应该培养学生的独立人格,而不仅仅是填鸭式的知识灌输。"教育者"在进行"教育"的过程中,应该尊重被教育者的权利,即重视他们的"唯一性",因材施教。独立的"人格教育"才能够培养出独立的公民,这样才可以避免出现"巨婴式"的公民,等待政府的"哺育",并视为理所当然。

罗素与《中国到自由之路》

李　帅

1920 年，讲学社[①]邀请罗素来华讲学。罗素携勃拉克女士于同年 10 月 12 日抵达上海，开始了其为期近一年的在华讲学历程，并于 1921 年 7 月 11 日离华。参与邀请罗素来华的中国团体包括尚志学会、北京大学、中国公学、新学会等，负责接待罗素一行的人员亦由这些团体安排。上述各团体，已公推赵元任、秦汾、叶景莘、丁文江四位担任翻译。又推陶履恭、傅铜几位做招待，还设了出版部、记录部，预备收集演讲出版。罗素在华讲演由 1920 年 11 月创刊的《罗素月刊》[②]刊登。

罗素来华之际，国际国内形势都处于一个巨大的转变时期。国际上，一战的结束，使西方的知识分子看到了战争的巨大破坏性，部分人开始对资本主义制度产生怀疑，并思考

---

① 1920 年 9 月，由梁启超联合蔡元培、林长民、张元济等社会精英成立了讲学社，其宗旨是聘请国外著名学者来华讲学。由当时教育部拨款两万元资助，每年邀请一位学者。

② 《罗素月刊》，1920 年 11 月由蒋百里创刊，瞿世英编辑，讲学社出版，为季刊。1921 年 1 月由商务印书馆发行。该刊登载了罗素在华期间的所有著名讲演记录。

人类社会新的发展方向，罗素即是其中之一。而同样是在一战之后，科学社会主义由理论成为现实——俄国十月革命的胜利，在世界上建立了第一个社会主义国家。这为包括罗素在内的众多知识分子找到了改革社会的新出路。在国内，中国正是北洋军阀当政时期。当时中国国内的情况，一方面，军阀混战，争权夺利，造成国内政治混乱，民生困苦；另一方面，新文化运动蓬勃开展，思想界空前活跃。输入新思想、新文化成为时代的潮流。

罗素抵华后，在上海受到热烈的欢迎。抵沪次日，江苏教育总会、中华职业教育社、新教育共进社、中国公学、时事新报、申报、基督教救国会等团体在大东旅社举行欢迎晚会，有百余人出席。罗素先在上海做了《社会改造原理》《教育之效用》等讲演。之后，罗素前往杭州、南京、汉口、长沙等中国城市做讲演，最后由长沙前往北京。在北京大学，罗素做了"哲学问题""心的分析""物的分析""社会结构学"和"数学逻辑"等五个系列讲座。

在 1921 年离华之际，罗素在北京做了《中国到自由之路》的讲演，作为其对中国讲学的最后总结。罗素的《中国到自由之路》如其所言，"都是我与诸君接触之后渐渐发生出来的，不是一到中国岸上就有的"[①]。实际上，在 1918 年，罗素便出版了《到自由之路》[②]一书。在书中，罗素提出了他认为较为理想的社会主义制度，即基尔特社会主义。罗素是在对比了

---

① 罗素：《中国到自由之路》，瞿世英记录，《罗素月刊》第四期，1921 年 10 月。

② 现在通译为《自由之路》。该书 1920 年由李季、黄凌霜、雁冰等翻译，新青年社出版。

国家社会主义、无政府主义、工团主义等之后得出的结论。正如罗素所言："我认为最好而又切实可行的还是基尔特社会主义制度，它既考虑了国家社会主义者保留国家的主张，也考虑了工团主义者对国家的恐惧，它又参照国与国之间的邦联制度提出了企业与企业之间的联合制度。"①

罗素的《到自由之路》是为一战后的欧洲所探寻的出路。但是罗素本人在讲演中并没有将这条道路推荐给中国人，反而一再强调中国与西方的差异，加之"中国近代纷乱的事实，所以外国要替中国人解决问题，是要走错路的"，在罗素看来，"中国真关心国事的最好自己想法子，不要靠外国人的智力"，而罗素本人关于中国问题的看法亦是"说几句冒险的话"而已。

罗素所言的"冒险的话"，包括两个方面的意思。第一，"不要完全用西方文明"。因为"欧洲文明的流弊，稍有思想的人，都可以从欧洲大战里头看得很清楚，在欧战起的时候，一般人还以为这些流毒，都不是生产于制度上面，只要那一方面战胜，即可将他免除。但现在确已证实从前的话是误解，是梦想了"。因为欧洲的"资本实业制度"，"能使科学进步，物质文明发展，然总免不了把人类引入于破坏的战争道路上"。第二，"中国旧文明之不合宜者亦不要用"。罗素认为，"现在中国的孔子学说，稍带佛学的旧文明，都到了自然剥落的程度，没有什么势力了，既不能使个人的事业发展，不能解决中国目前的种种问题。就近千年来中国的历史观察，中国的文明不是发展是衰落"。中国的"旧文明"是各个时代智慧的

---

① ［英］伯特兰·罗素著，李国山等译：《自由之路》（上），北京：文化艺术出版社 1998 年版，第 6~7 页。

结晶，在其所述的那个时代，"文明"具有正确性与实用性。但是，适用于后代，则不仅解决不了问题，反而会徒生诸多麻烦，比如说"复辟"，即是其一。因此，罗素既反对"奴隶的服从欧洲文明"，也反对"完全保守中国的旧文明"。

那么，要解决当时中国的问题，出路是什么？罗素认为"中国解决各问题，欲求根本上永久的方法，自然是赖乎教育"。但实际上存在诸多困难，要达到罗素所言的"切实教育"，"纵令有政府的帮助，至少需要三十年方能收相当效果"。而中国当时不仅"实业不发达"，就是政府亦"不能维持教育"。"教育不普及"带来的另一个问题就是"爱国心"培养的困难。罗素所言的"爱国心"实质上是"信仰"的问题，因为"中国向来没有极厉害的仇敌"，所以"中国人的爱国心，亦因而薄弱。从前替代爱国心的是忠君心。现在忠君心已破坏。然而历史上第一次遇着的仇敌也就来了。须努力提起爱国心才好"。

罗素希望中国在发展实业的同时，能够避免资本主义的流毒。显然，罗素不希望中国走西方资本主义国家发展的老路。而"非资本主义的实业制度有四种：一、无政府共产主义；二、国家社会主义；三、基尔特社会主义；四、工团主义"。在这四种形式中，"无政府主义，基尔特社会主义，工团主义三种，仅适用于实业已发达之国家，而不适用实业未发达之国家"。因此，罗素认为"现在的中国如欲开发实业而又不愿染资本主义的流弊，则惟有采用国家社会主义为最切当"。即"采用俄国的方法"，走科学社会主义的道路。①

罗素为中国人指出的"到自由之路"既非罗素自身信仰的

① 罗素:《中国到自由之路》，瞿世英记录，《罗素月刊》第四期，1921 年 10 月。

"基尔特社会主义"，又非当时所公认的"西方的平民政治"。这既有当时时代背景的因素，又与中国现实的国情有关，同时也体现了罗素作为一名学者的严谨。罗素的"来华讲学"及其指出的中国的"到自由之路"在当时及罗素离华之后，产生了重要的影响。

罗素对于中国问题的思考，对当时的中国学术界产生了较大影响。正如瞿世英在《罗素对我们的贡献》一文中指出的"他此行的确贡献我们两件宝贝"，第一是"他的人格。若是与罗素谈话时，我们便觉得他真是具有学者的态度"。罗素"为主义而牺牲的精神"，亦赢得了不少中国学者的敬仰。第二是"他的方法"。罗素分析中国问题的方法，在于可以怀疑与否定自我。在当时，罗素所推崇的社会组织模式是"基尔特社会主义"[①]。罗素是在1920年游历苏俄之后，来到中国的。他发现中国的实际情况并不适用于"基尔特社会主义"，而更接近于俄国的情况。因此，罗素认为中国通往"自由之路"的路径是"俄国的方法"。因为"中国则与俄国有同一的情形，都是人民没有智识，实业也不发达"，而"布尔扎维克派的改革社会的最要方法，就是水道，铁路，矿产都归国有"[②]。

此时罗素已经意识到通往"社会主义"道路的"多元化"。因各国的情况不同，那么其选择的道路也是具有差异的。例如，罗素认为"俄国的方法"适用于中国，但是要推行到西方就行不通，"因为西洋各国实业已经开发，教育也算普及，很可以实行平民政治。"应该说罗素为中国指出的到"自由之

---

① 瞿世英：《罗素对我们的贡献》，《罗素月刊》第四期，1921年10月。

② 罗素：《中国到自由之路》，瞿世英记录，《罗素月刊》第四期，1921年10月。

路"，符合之后中国社会发展的方向。

罗素来华讲学，在整个过程中一直伴随着争论。罗素作为"改良主义"的知名学者，他的到来使中国当时的"改良派"人心大振。

张东荪和名气比他大得多的梁启超在罗素讲学的同时连续发表文章，张、梁都认为中国经济落后，缺少真正的劳动者，中国没有条件建立代表劳动阶级的政党，更不可能实行"劳农专政"。他们认为救中国只有一条路，那就是依靠"绅商阶级"来振兴实业，发展、普及教育，走资本主义道路。而早期的马克思主义者，如李大钊、陈独秀、李达、陈望道、邵力子、蔡和森等人，连续发表文章，批评张东荪主张走资本主义道路的理论。他们表示中国经济虽然落后，但无产阶级的存在是一个客观事实。中国无产阶级间接受资本主义经济组织的压迫，较各国直接受资本主义压迫的劳动阶层尤其痛苦。在这种状况下，中国劳动者只有联合起来组织革命团体，改变生产制度，才能实现自身的解放。而且，从当时的国际条件和中国国内社会状况来看，李大钊认为中国若要发展资本主义，实行"保护资本家的制度"这不仅"理所不可"而且"势所不能"[1]。

罗素提出的解决中国问题的"俄国的方法"，显然是支持早期马克思主义者关于中国革命道路的选择。作为罗素"信徒"的张东荪认为，罗素在华的演讲，前后差别很大："在北京大学你讲演社会主义时，末假说中国最好采用基尔特社

① 李大钊：《中国的社会主义与世界的资本主义》，《评论之评论》第一卷第二期，1921年3月20日。

会主义，而在《中国到自由之路》上却说非采用劳农专政不可"①。张东荪的"困惑"，恰恰反映了罗素当时的"临别赠言"对于"基尔特社会主义"者的冲击是多么的大。

另一方面，罗素的"俄国的方法"，对于科学社会主义在中国的传播创造了良好的条件。这在客观上对中国共产党的成立及发展产生了积极的影响。因为中国共产党的理论基础是马克思主义，即科学社会主义。而罗素在"临别赠言"中支持中国走俄国的道路作为中国通向"自由之路"的方法，这在客观上否定了无政府主义、工团主义，尤其是基尔特社会主义在中国的可行性。

罗素的《中国到自由之路》的讲演，是时代主题与中国实际国情在学者思考中的酝酿，更是中国社会革命与发展道路的必然选择。历史印证了中国走科学社会主义道路的正确性。在建设中国特色社会主义的道路上，必须坚持从中国的实际情况出发，因地制宜、实事求是地了解中国情况，解决中国问题，坚定不移地走中国道路。

---

① 张东荪:《后言》,《时事新报》，转引自《哲学》第三期，1921 年 9 月。